다 음 세 대 를 위 한

북한 안내서

다음 세대를 위한

북한 안내서

서의동 지음

너머학교

들어가는 말

우리는 유라시아 대륙 동쪽 끝의 한반도에서 살고 있습니다. 반도는 원래 대륙과 연결돼 있어야 하지만 지금은 섬이나 다름없습니다. 동쪽과 서쪽, 남쪽이 바다이고, 북쪽마저 장벽으로 가로막혀 있으니까요. 1945년 일본의 지배로부터 해방된 감격이 채 가시기도 전에 남과 북은 38도선을 경계로 분단됐고, 전쟁까지 치러야 했습니다. 그 후로도 남과 북은 수십 년간 갈등과 대립의 세월을 보냈습니다. 250km에 달하는 군사분계선은 두터운 장벽과 철조망이 가로지르고 있어 오갈 수도 없습니다.

우리는 평소 장벽 너머에 있는 북한에 대해 큰 관심을 두지 않고 살고 있지만 북한은 우리 삶과 밀접한 관계가 있습니다. 남북 관계가 나빠지면 우리 생활을 나아지게 하는 데 쓸 돈으로 무기를 더 사들여야 합니다. 군대에 갔다가 자칫 귀중한 생명을 잃을 수도 있습니다. 남북 간에 긴장이 높아지면 주가도 내려가고 심각할 경우 한국에 대한 외국인들의 투자도 줄어들게 됩니다. 반대로 남북이 사이가 좋아지면 우리가 사는 곳이 더 넓은 세계와 이어질 수 있습니다. 남북 관계가 어떤가에 따라 우리가 사는 곳이 '닫힌 섬'이 될 수도, '열린 반도'가 될 수도 있는 것입니다. 북한과 잘 지내야 하는 이유 중 하나입니다.

그런데 잘 지내기 위해서는 북한에 대해 관심을 가질 필요가 있습니다. 북한의 체제가 어떤 건지, 북한의 주장이 뭔지 같은 것만이 아닙니다. 북한에는 어떤 산과 강이 있고 어떤 도시들이 있는지, 북한 사람들은 어떻게 하루를 보내고 있는지 같은 시시콜콜한 것도 포함됩니다. 친구를 사귈 때 친구의 생각이나 주장뿐 아니라 취미나 습관, 가족 관계에도 관심을 갖는 것과 마찬가지입니다. 외국 여행 안내서에 그 나라의 역사와 풍습, 사람들의 생활 방식이 소개돼 있는 것과도 같은 이치겠지요.

그런데 남북이 서로를 적대시하던 세월이 워낙 길어 북한에 대해서는 부정적인 뉴스만 넘쳐 납니다. 그래서 북한 하면 무시무시한 공포 분위기 속에서 제대로 숨쉬기도 힘든 나라를 떠올리기 쉽습니다. 그런 면이 없진 않지만 부정적인 모습만 지나치게 부풀려진 것도 사실입니다. 그곳 청소년들도 영어 공부에 바쁘고, 휴일에는 놀이공원에서 바이킹을 타는, 우리와 크게 다르지 않은 일상을 보내고 있습니다. 체제가 다르니 사회가 운영되는 원리도 우리와 다른 점이 많지만 사람

사는 곳이면 으레 있을 법한 모습들도 많습니다.

저는 2000년대 초반 북한에 세 차례 다녀왔습니다. 수도 평양과 평안
북도 신의주, 함경남도 신포란 곳입니다. 김대중 대통령의 남북 화해
정책으로 한반도에 봄기운이 돌던 무렵이었지만 중국의 국경도시 단
둥에서 철교를 건너 신의주로 들어갈 때는 '혹시 억류라도 당하지 않
을까'라는 불안감에 휩싸이기도 했습니다. 4월 중순이었지만 신의주의
호텔방이 꽤 춥기도 해 첫날 밤에는 제대로 잠을 이룰 수 없었습니다.

　　지금 생각해 보면 그 불안감은 북한에 익숙하지 않았기 때문인 듯
합니다. 북한 사정을 잘 모르는 데다, 오랜 세월 갈라져 지냈으니 혹시
라도 오해가 생기지 않을까 조심스러웠던 겁니다. 그렇지만 며칠 지나
니 외국을 여행할 때와 크게 다를 게 없었습니다. 오히려 말이 통하니
외국보다 한결 편했습니다.

한동안 얼어붙었던 남북 관계에 올해부터 다시 화해의 기운이 피어나
기 시작했습니다. 북한은 그동안 굳게 닫아걸었던 문을 세계를 향해
열어젖히려는 참입니다. 조금은 진통이 있겠지만 남북이, 그리고 북한
과 미국이 서로 좋은 관계가 된다면 한반도는 세계 평화의 중심지가
될 수 있습니다. 방학이나 휴가 때 온 가족이 경의선 기차를 타고 평양
에 놀러 갈 날도 오게 될 것입니다. 그날을 앞당기기 위해서라도 북한
에 익숙해질 필요가 있습니다. 이 책은 북한에 익숙해지기 위한 입문

서입니다. 북한과 남북 관계 자료, 탈북자들에 대한 취재를 통해 북한의 지리, 주민들의 일상생활, 그리고 변화하는 최근의 북한 모습을 담았습니다. 아울러 남북의 미래에 대해 생각해 보는 내용도 있습니다.

이 책을 쓰면서 역지사지(易地思之)의 입장에 서려고 노력했습니다. '상대방의 처지에서 헤아려 보는' 역지사지는 익숙하지 않은 상대방을 대할 때 필요한 태도입니다. 북한이 우리와 어떻게 다른지에 머물지 않고, 왜 달라졌는지에도 초점을 맞추려 했습니다. 상대방의 처지에서 헤아린다면 오해는 대부분 풀리게 마련입니다. 70년에 걸친 오해를 푸는 일이 결코 쉬운 일은 아니겠지만 '역지사지'의 태도를 잃지 않는다면 아주 어렵지도 않을 것입니다.

2018년 가을
서의동

차례

1부.
대륙으로 이어졌던
길을 따라

1945년 일제강점 상태로부터의 해방과 더불어 한반도에 찾아온 반갑지 않은 손님은 분단이었습니다. 남북을 오가던 길이 끊겼고, 38선 너머 마을에 살던 이들이 남쪽으로 오려면 목숨을 걸어야 했습니다. 한국전쟁 이후 38선이 휴전선으로 바뀌면서는 남북이 중무장한 채 총구를 겨누고, 땅속에는 지뢰가 묻힌 위험한 곳이 됐습니다.

분단 이전 우리 할아버지들은 부산에서 기차를 타고 국경을 넘어 러시아나 유럽까지 갈 수 있었습니다. 여름철이 되면 서울 사람들은 경원선 열차를 타고 함경도 원산으로 피서를 떠나기도 했습니다. 좀 더 거슬러 올라가면 조선 시대 '조천사', '연행사'로 불리던 사신들도 매년 한양(서울)을 떠나 의주를 거쳐 중국 땅을 밟았습니다.

이 글을 쓰면서 유럽의 한 국경 마을이 떠올랐습니다. 네덜란드 남부의 바를러 마을은 네덜란드와 벨기에가 공존하는 곳입니다. 식당의 테이블 바닥이나 상점 바로 앞길에 국경선이 그어져 있습니다. 사람들은 밥을 먹거나 쇼핑하러 국경을 자유롭게 넘나듭니다. 길바닥의 보도블록에 십자가 표시로 그어진 국경은 마을 사람들에게는 늘 오가는 길에 새겨진 문양에 지나지 않습니다. 국경이라면 철조망이 쳐진 비무장지대를 떠올리는 우리에게 바를러 마을은 신기하고 부러울 뿐입니다. 남북 화해의 기운이 조금씩 퍼지고 있는 요즘, 길과 국경을 생각해 봅니다. 남북이 자유롭게 오가고, 북한 땅을 거쳐 중국과 러시아로 갈 날도 상상해 봅니다.

예전 우리 선조들이 다니던 길을 따라가 본다면 그 상상이 좀 더 구체적이 되지 않을까요? 남쪽에서 북쪽으로, 그리고 그 너머 대륙으로 이어졌던 길을 살펴보겠습니다.

신문명으로 향하는 통로, 사행길

조선 시대에는 나라가 관리를 외국에 파견하는 '사행(使行)'이 있었습니다. 지금으로 말하자면 '대통령 특사'와 비슷한 역할이라고 할까요. 명나라에 가는 것은 '조천', 그 일행은 '조천사', 청나라가 들어선 뒤에는 '연행', '연행사'라 불렀습니다. 일본으로 가는 사절은 '통신사'라고 했고요. 여기서는 주로 연행사를 따라가 보겠습니다.

연행사는 청나라의 수도 연경(燕京, 지금의 베이징)에 파견돼 황제를 알현하고 왕이 보내는 문서와 조공품을 바치는 임무를 띤 사신 일행입니다. 인조 재위 15년인 1637년부터 청일전쟁 직전인 1893년까지 총 507회, 매년 두 차례 이상 한양을 출발해 연경에 다녀왔습니다.

사행단의 우두머리는 정사로 정2품의 고위 관리가 임명됐습니다. 정사와 제2인자 격인 부사, 외교 문서를 비롯해 각종 기록을 담당하는 서장관을 합해 3사라고 부르는데 이들이 사행단의 핵심입니다. 특히 서장관은 사행 기간 중 매일 상황을 기록하고, 귀국한 뒤에는 국왕에게 사행 전반을 보고하는 중요 직책입니다. 통역관인 대통관, 중국 황제에 바칠 공물을 관리하는 압물관 등 관리 30명에 수행원을 포함하면 전체 규모가 200~300명이나 됩니다.

이들이 오가던 길을 사행길이라고 합니다. 서울을 출발해 평양 – 의주 – 압록강 – 요동 – 심양 – 산해관 – 연경에 이르는 3,200리(1,260km)로 가는 데만 40일 남짓 걸렸습니다. 연경에서의 체류 기간을 합하면 5~6개월 정도 걸리는 장기 출장입니다. 오가는 시간은 덜 걸리지만 위험한 바닷길도 있었습니다. 여기서는 육로를 따라가 봅니다.

출발 당일 사행단은 당시 임금의 거처인 창덕궁으로 가 다녀오겠다는 하직 인사를 한 뒤, 지금 독립문 자리에 있던 모화관에서 외교 문서를 점검합니다. 이어 홍제원(지금의 홍제동)에서 송별회를 연 뒤 지금의 일산 신도시가 있는 고양으로 길을 떠납니다. 날이 어둑해질 무렵 고양 관아의 별관인 벽제관에 도착한 사행단은 이곳에서 첫날 밤을 보내거나, 저녁만 먹고 다시 출발해 파주목 관아까지 가기도 합니다. 사행단은 임진나루에서 배로 강을 건너 지금의 도라산역이 있는 장단에 도착합니다. 여기가 지금으로 치면 군사분계선을 넘어 북한 땅으로 들어가는 입구입니다.

사행단은 개성과 평산을 거쳐 서흥 – 봉산 – 황주 등 황해도 구간을 지나 평양에 들어갑니다. 평양에서 감사가 베푸는 연회에 참석하고 부벽루, 영명사 등을 둘러보며 며칠간 쉰 뒤 안주 – 가산 – 정주 – 철산

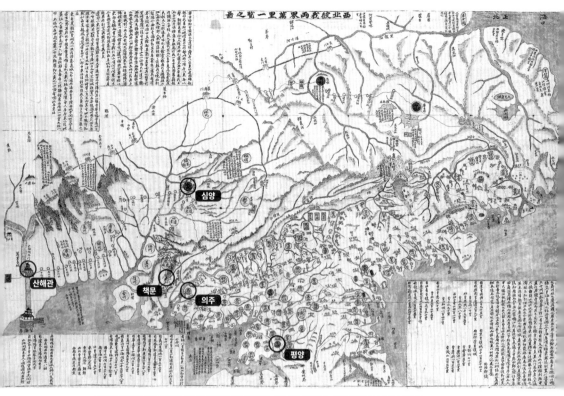

18세기 중반에 그려진 서북피아양계일람지도. 표시한 부분이 사행단이 지나간 곳이다.

코스를 밟아 조선에서의 마지막 지점인 의주에 도착합니다. 사행단이
지나던 이 길을 따라 일본이 1905년 경의선 철도를 놓습니다.

의주에 도착한 사행단은 열흘쯤 머물면서 수행원들의 도착을 기
다리거나 봉물을 확인하고 포장하며 중국에 들어갈 준비를 합니다. 드
디어 압록강을 건너 조선을 벗어난 사행단은 40km 떨어진 책문을 향
해 발길을 재촉합니다. 책문까지의 땅은 사람이 살지 않는 곳이어서

두 번 정도 노숙을 해야 합니다. 청나라 조정이 백성의 출입을 금지한 봉금 지대이기 때문입니다. 책문은 2m 높이의 나무 울타리를 세워 사람이나 말이 함부로 드나들 수 없도록 한 구조물로 실질적인 국경입니다. 사신 일행이 책문을 넘어 중국 땅으로 들어가려면 절차가 필요한데 청나라 관리들이 늑장을 부려 사나흘씩 책문 밖에서 기다리는 일도 있었다고 합니다.

책문을 넘은 사행단은 심양과 산해관을 거쳐 연경으로 향하는 한 달 코스에 진입합니다. 멀고 험한 여정을 마치고 연경의 숙소인 회동관에 도착한 사행단은 두 달가량 머물면서 황제를 알현하고 외교 문서와 공물을 바치는 등 공식 외교 사절 업무를 수행합니다. 사적으로는 중국의 학자들과 학술 교류를 하고, 서점과 명소 고적 등을 견학하기도 합니다. 사행단은 북경 사람들의 풍족한 삶과 유리창의 방대한 서적, 천주당과 관상대, 실측 지도와 같은 서구 문명들을 접할 수 있었습니다.

18~19세기 연행사의 여정은 은둔 국가 조선이 세계를 경험하는 통로였습니다. 병자호란과 정묘호란 직후에는 수치심과 분노를 곱씹으며 지나던 길이었겠지요. 그러나 시간이 흐르며 연행사로 중국을 다녀온 홍대용·박지원·박제가 같은 북학파 지식인들은 청나라의 문물을 적극 수용해 부국강병과 이용후생에 힘쓰자는 주장을 펼쳤고, 조선 후기 사회에 적지 않은 영향을 미쳤습니다.

조국 독립과 통일을 모색하던 백범 로드

연행사는 조선 반도의 지배권을 다투던 열강들의 싸움이 격렬해지며 국운이 기울어 가던 1893년을 마지막으로 종료됩니다. 그로부터 2년 뒤인 1895년 20세 청년이 청나라로 길을 떠납니다. 이름은 김창수, 후일 임시정부 주석을 지낸 독립운동가이자 '국부'로 숭앙받는 백범 김구입니다.

동학농민운동에 가담했다가 실패하고 황해도 신천의 산채에 은신하던 백범은 한학자 고능선의 가르침을 받습니다. 고능선은 청나라와 손잡고 왜적을 몰아내야 한다며 중국행을 권유합니다. 백범은 전라북도 남원 출신의 참빗장수인 김형진과 백두산 구경을 하고 만주를 거쳐 북경으로 가는 여정을 세우고 신천을 떠납니다.

평양에 도착한 뒤 을밀대와 모란봉을 둘러본 백범 일행은 참빗과 붓, 먹 등을 사서 한 짐 걸머진 행상 차림으로 다시 발길을 재촉합니다. 강동, 양덕, 맹산 등 평안남도 땅을 거쳐 함경도로 넘어가 고원, 정평을 지나 함흥에 도착합니다. 함경남도 해안 쪽의 홍원, 신포를 거치며 명태잡이를 구경하기도 합니다. 백범은 평안도와 함경도를 돌아보면서 각지의 문물과 제도, 민중들의 풍속을 유심히 살폈습니다.

함경도에 들어서서 가장 감복한 것은 교육제도가 황해도나 평안도보다 발달된 것이었다. 아무리 초가집만 있는 가난한 동네에도 서재와

도청은 기와집이었다. (…) 북청은 함경도 중에서도 글을 숭상하는 고
을이어서 내가 그곳을 지날 때에도 살아 있는 진사가 30여 명이요, 대
과에 급제한 조관이 일곱이나 있었다. 과연 문향이라고 나는 크게 탄
복하였다.

– 김구, 『백범일지』 중에서

백범 일행은 단천과 갑산을 거쳐 혜산진에 이릅니다. 이후의 이동
경로는 삼주 – 장진 – 후창 – 자성 – 중강을 거쳐 중국 땅인 마울산에 도
착하는 것으로 기록돼 있는데 험산준령이었지만 인심 좋고 먹을 게 넉
넉한 곳이었다고 합니다. 마적 때문에 위험하다는 사람들의 만류로 일
행은 백두산 참배를 중단한 뒤 만주 통화(通化)로 경로를 바꿉니다. 백
범은 만주에서 잠시 의병 부대에 가담했다가 실패한 뒤 귀향합니다. '1
차 백범 로드'는 이렇게 마무리됩니다.

1911년 안악 사건에 연루돼 수감됐다가 1915년 8월 출옥해 황해
도 신천의 동산평 농장에서 농민계몽운동을 벌이던 백범은 1919년
3·1운동을 계기로 해외에서 독립운동을 하기로 결심합니다. 그러고는
신천에서 사리원으로 가서 경의선 열차를 타고 압록강을 건넙니다. 지
금의 단둥인 안동현에서 1주일을 머물다가 영국 국적인 이륭양행 배
를 타고 상하이 푸동 지구에 도착합니다.

이후 백범은 상하이와 충칭 등지에서 대한민국 임시정부를 이끌
며 이봉창, 윤봉길 의사의 거사를 비롯한 독립운동을 진두지휘하게 됩

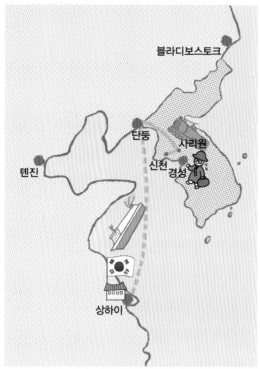

블라디보스토크

단둥 사리원

텐진 신천
경성

상하이

2차 백범 로드.

니다. 백범은 조국이 해방되고 3개월이 지난 1945년 11월 귀국하는 것으로 '2차 백범 로드'를 26년 만에 마무리합니다.

1948년 4월 19일 백범은 마지막 여정을 시작합니다. '전조선 제정당사회단체 대표자 연석회의(남북 연석회의)'가 열리는 북한 평양에서 분단을 막기 위한 남북 협상을 벌이기 위해 방북 길에 오른 것입니다. '3차 백범 로드'인 셈이죠.

당시 신문 보도를 보면 자택인 서울 서대문 경교장에서 오후 4시

1948년 방북 길에 오른
김구 일행이 38선 표지판
앞에서 찍은 사진.

에 출발한 백범은 승용차 편으로 의주로를 따라 개성을 거쳐 오후 6시 20분쯤 경기도(현재는 황해북도) 개풍군 여현에 도착합니다. 이어 지서 경찰들의 안내를 받으며 오후 6시 40분쯤 38선을 넘습니다. 백범이 38선을 통과하기 전 기자들의 요청으로 38선 표지판 앞에서 아들 김신, 비서 선우진과 함께 포즈를 취한 사진이 지금도 남아 있습니다.

38선을 넘은 백범 일행은 북한 내무서원들의 안내로 40리쯤 떨어진 황해도 금교로 이동해 이곳에서 북조선인민위원회가 준비한 특별

열차로 갈아타고 20일 평양에 도착했습니다.

남북 연석회의에 참석한 남북 대표들은 4월 30일 외국 군대 철수와 남한만의 단독선거 반대, 통일 정부 수립을 결의하는 공동성명을 채택했습니다. 하지만 이런 노력에도 열흘 뒤인 5월 10일 남한 지역만의 총선거가 실시되면서 남북 분단이 굳어집니다. '38선을 베고 죽는 한이 있더라도' 통일을 위해 마지막 노력을 하겠다던 백범의 방북은 결실을 맺지 못했습니다. 남북 분단이 전쟁으로 이어질 것이라던 백범 선생의 예언은 2년 뒤 현실이 됐습니다.

민족의 긍지를 높인 손기정의 시베리아 루트

1936년 8월 9일 베를린 올림픽 마라톤 경기에 출전한 손기정 선수가 42.195km를 2시간 29분 19초에 주파해 세계신기록을 세우며 금메달을 땄습니다. 일제강점기라 손기정은 조선이 아니라 일본 대표였고, 상의에는 일장기가 선명하게 붙어 있었습니다. 당시 「동아일보」와 「조선중앙일보」가 손기정의 가슴에서 일장기를 지운 사진을 신문에 실었습니다. 이것이 유명한 '일장기 말소 사건'입니다.

베를린 올림픽을 앞두고 도쿄에서 훈련을 하던 손기정과 동료 마라토너인 남승룡은 올림픽 개막을 두 달 앞둔 1936년 6월 마라톤 코스 답사 등 현지 적응 훈련을 위해 선수단 본진보다 먼저 베를린으로 출발합니다.

①1900년 파리 시베리아 횡단열차 박람회에 전시된 열차. ②베를린 올림픽 마라톤 시상식(1936년 8월 9일).

당시 도쿄에서 베를린으로 가는 루트는 다음과 같습니다. 우선 도쿄의 신바시역에서 출발하는 국제 열차를 타고 오사카를 거쳐 시모노세키까지 이동합니다. 여기서 시모노세키항으로 이동해 한일 연락선을 타고 부산으로 향합니다. 부산에서 국제 열차를 타고 경성(서울) - 평양 - 신의주를 거친 뒤 압록강철교를 건너 중국 신징(현재의 창춘)에 도착합니다. 신징역에서 열차를 갈아탄 뒤 하얼빈까지 가서 다시 열차를 갈아타고 완저우리를 지나 치타에 이르면 시베리아 횡단열차에 접속하게 됩니다. 시베리아 철도는 1941년 6월 22일 독일 - 소련 전쟁 직전까지 아시아와 유럽을 잇는 최첨단 교통수단이었습니다. 일본 요코하마에서 프랑스 마르세유까지 뱃길로는 30~35일이 걸렸지만, 시베리아 철도로는 15일이면 도착할 수 있어 인기였습니다.

당시 정규 여객열차 편이 일주일에 두 편밖에 없는 데다 시간이 많지 않아 손기정은 부득이 군 장비 수송용 화물열차를 탔다고 합니다. 복선화 작업이 한창인 탓도 있어 도중에 정차를 많이 하자 굳어진 몸도 풀 겸 철도를 따라 뛰다가 소련 공안 당국의 제지를 받기도 했답니다. 소련의 열차 사정을 염탐하는 게 아니냐는 의심을 산 것이죠.

> 7월 17일, 두 주일 만에 비로소 베를린에 도착했다. 베를린역에는 독일 주재 일본 대사관 직원들이 마중 나왔다. 선발대를 맞자마자 그들은 '왜 마라톤에 조선인이 두 사람씩이나 끼었느냐?'고 불만스럽게 물었다. 보름간 열차에 시달리며 도착한 곳에서 이런 어처구니없는 첫인사를 받게 되다니 눈물이 왈칵 솟구쳤다.
>
> ─ 손기정, 『나의 조국 나의 마라톤』 중에서

평안북도 신의주 태생인 손기정은 어린 시절부터 집에서 학교까지 2km 남짓한 거리를 매일 달려서 통학했다고 합니다. 틈만 나면 압록강변을 뛰어다닐 정도로 달리기를 좋아했습니다. 재능을 알아본 담임교사 추천으로 손기정은 초등학교 5학년 때부터 육상 선수로 활약했습니다. 마침내 1933년 서울에서 열린 동아마라톤 대회에서 당당히 우승하면서 동갑내기이자 학교 동창인 남승룡과 나란히 올림픽 선수로 선발됩니다. 일본인들은 억지로라도 이 둘을 탈락시키려 했지만 1935년에 도쿄 메이지 신궁에서 열린 마라톤 대회에 출전하여, 2시간 26분 42초라는 비공인 세계신기록으로 우승하면서 일본인들도 인정하지 않을 수 없게 됐습니다.

　마침내 1936년 8월 9일 손기정은 베를린 올림픽 스타디움의 마라톤 결승점 테이프를 끊고 우승했습니다. 남승룡도 3위로 들어왔습니다. 그런데 당시 사진을 보면 기미가요가 울려 퍼지는 시상대에서 일장기를 가슴에 단 채 고개를 떨구고 있었습니다. 나라를 잃은 설움 때문에 맘껏 기뻐할 수도 없었던 것이죠. 귀국할 때는 '일장기 말소 사건'의 여파로 환영은커녕 경찰들에게 연행되다시피 했고, 전차를 타는 것조차 일본인의 감시를 받았습니다.

　유럽행 시베리아 열차 안에서 설렘과 비애로 뒤섞인 가슴을 안고 노을이 지는 광야를 바라보던 청년 손기정의 모습을 그려 봅니다. 암울했던 시절 손기정의 마라톤 우승은 우리 민족에게 커다란 긍지와 용기를 안겨 줬습니다. 20세기 한국 스포츠사에서 가장 감격적인 순간이기도 합니다.

　이 루트와 비슷하게 2018년 4월 26일 파리에서 출발해서 약 15일 동안 기차만 갈아타고 단둥까지 달려온 분도 있어요. 『파리발 서울행 특급열차』의 저자 오영욱은 이번 여행에서는 단둥에서 배를 타고 인천으로 왔지만, 열차로 북한 땅을 지나 서울로 오는 날이 어서 왔으면 좋겠다고 말합니다. 여러분은 어떠세요?

시베리아 횡단철도

손기정이 1936년 베를린에 가기 위해 몸을 실었던 시베리아 횡단철도는 아시아와 유럽을 관통하는 세계 최장 구간의 철도 노선입니다. 옛 러시아 제국이 아시아와 태평양 진출을 위해 1891년에 착공해 1916년에 완전 개통됐습니다. 러시아의 수도 모스크바의 야로슬라브스키역에서 극동 지역인 블라디보스토크역까지 본선 구간의 거리가 9,288km로 경부선(441km)의 21배, 지구 둘레(4만 75km)의 4분의 1에 달하는 어마어마한 길이입니다. 블라디보스토크에서 곧바로 모스크바까지 간다고 해도 꼬박 7박 8일이 걸리고, 도중에 내려 도시들을 돌아보면 열흘을 훌쩍 넘기게 됩니다.

모스크바에는 핀란드의 헬싱키, 독일 베를린 등으로 가는 연계 열차가 있고, 동쪽으로 울란우데에서 갈라지는 지선을 타면 몽골 울란바토르를 거쳐 중국 베이징까지 연결됩니다. 종착역인 블라디보스토크에서 가까운 우수리스크역에서 갈라지는 지선을 타면 두만강을 건너 평양으로 들어갈 수 있습니다.

끊임없이 이어지는 자작나무 숲과 지구에서 가장 깊은 바이칼 호수 등 차창 밖 대자연의 파노라마를 감상하는 것은 물론이고, 며칠씩 열차 안에서 다양한 나라의 승객들과 자연스럽게 어울릴 수 있는 것도 시베리아 열차 여행의 매력이라고 합니다.

시베리아 열차가 지나는 블라디보스토크나 우수리스크, 하바롭스크 등 연해주 지방은 나라를 빼앗긴 조선 백성들의 터전이자 독립운동의 근거지이기도 했습니다. 안중근, 홍범도, 여운형, 조봉암 등 수많은 독립운동가들이 광활한 대륙을 달리는 열차에 타고 내렸습니다. 조선 최초의 여성 서양화가이자 페미니스트였던 나혜석은 1927년 서울역에서 경의선 열차를 타고 만주와 소련 모스크바를 거쳐 프랑스 파리로 유럽 여행을 떠났습니다. 또 1937년에는 중앙아시아로 강제 이주 명령을 받은 수십만 명의 연해주 한인들을 실어 날랐던 '이산의 열차'이기도 합니다.

2부.
처음 만나는
북한의 이곳저곳

소설 『그해 겨울은 따뜻했네』의 작가 박완서의 고향은 황해도 개풍군입니다. 38선 이남 남한 땅이었지만 전쟁 이후 휴전선이 그 아래로 그어지면서 북녘 땅이 돼 버렸습니다. 지도에서 찾아보면 바다를 사이에 두고 강화도와 마주 보고 있는 가까운 땅입니다. 파주시의 오두산통일전망대에서도 개풍군이 바라다보입니다. 박완서 선생은 『그 많던 싱아는 누가 다 먹었을까』에서 평화로운 시골에서 보낸 어린 시절의 추억들을 며칠 전 기억처럼 생생하게 펼쳐 놓습니다.

작가 황석영은 다섯 살 때까지 평양에 살았습니다. 선생은 자서전 『수인』에서 모란봉이 바라다보이는 이층집에 살면서 아버지와 손을 잡고 칠성문을 거쳐 을밀대를 산책하던 기억을 회고합니다. 아마 여러분 주변에도 북이 고향인 어른들이 한두 분씩은 있을 겁니다.

북한은 우리 주변에 남아 있는 아직도 많은 이들의 추억이 깃든 땅입니다. 피치 못할 사정으로 북을 떠나온 탈북자들 중에서도 고향을 그리는 이들이 많습니다. 지금부터 그곳을 거닐어 볼까요?

2,000미터 넘는 산들이 즐비한 '자원 부국'

한반도의 북쪽 땅 북한은 남쪽으로 군사분계선 250km을 경계로 한국과 갈라져 있습니다. 북쪽 국경인 압록강·두만강을 건너면 중국과 러시아 땅에 닿을 수 있습니다. 중국과의 국경선은 무려 1,353km로 서울–부산 거리의 3배나 됩니다. 북한이 중국과 밀접한 관계일 수밖에 없는 것은 이런 지리적 조건 때문이기도 하겠죠?

북한의 정식 국명은 조선민주주의인민공화국입니다(영어로는 Democratic People's Republic of Korea, 약자는 DPRK). 면적은 12만 540km²로 남한보다 약 20%가 크지만 인구는 약 2,500만 명으로 절반가량입니다. 지질적으로는 시생대부터 신생대에 걸쳐 여러 지층이 형성돼 있고, 지각 변동의 영향으로 다양한 광물이 분포돼 있는 '자원 부국'이기도 합니다.

전체 면적의 약 80%가 산지이고, 백두산(2,744m), 관모봉(2,541m), 북수백산(2,522m) 등 남쪽에는 없는 2,000m 이상의 산들이 71개나 있습니다. 북한의 산맥은 백두대간으로 불리는 낭림산맥이 남쪽으로 뻗어 내려 있고, 서쪽으로 강남·적유령·묘향·언진·멸악산맥이 펼쳐져 있습니다. 사람으로 치면 등뼈인 낭림산맥에서 적유령·묘향·멸악산맥이 갈비뼈처럼 서쪽으로 뻗어 있는 모양이죠. 동쪽으로도 함경산맥과 마천령산맥이 가로지르고 있습니다. 전체적으로 보면 북부와 동부가 고지대이고 서부와 남부로 오면서 점차 낮아집니다.

북한의 행정구역과 주요 도시.

자강도와 양강도, 함경남도에 걸쳐 있는 개마고원은 면적이 4만 km²에 달합니다. 문재인 대통령이 남북정상회담에서 "백두산과 개마고원을 트레킹하는 게 꿈"이라고 했는데요, 개마고원은 해발고도가 평균 1,500m나 되니 트레킹을 하려면 준비를 단단히 해야 할 것 같네요.

이들 산맥으로부터 압록강, 두만강, 청천강, 대동강, 예성강, 성천강 같은 여러 강의 물줄기가 시작되어 동해와 서해로 흐르고 강을 중심으로 평야 지대가 펼쳐집니다. 재령평야와 연백평야가 있는 황해남도는 이모작이 가능한 북한의 대표적인 곡창 지대입니다.

북한은 한국보다 훨씬 춥습니다. 위도도 높고 높은 산지가 많으니 그렇겠지요. 감자 농사로 유명한 북한 최북단 '대홍단' 일대는 알래스카보다 더 추운 '혹한 지대'입니다.

행정구역을 볼까요? 1945년에는 황해도, 평안남도, 평안북도, 함경남도, 함경북도와 38선으로 갈린 경기도·강원도의 이북 지역 등 7개 도였습니다. 그러다 개편을 해서 현재는 9개도, 1개 직할시, 2개 특별시로 바뀌었습니다. 황해도와 경기도 이북 지역을 황해남도와 황해북도로 나눴고, 평안북도 동쪽을 자강도로 분리했습니다. 또 함경남도를 남북으로 나눠 북쪽에 양강도를 설치했습니다. 중국·러시아와 인접한 함경북도 나진·선봉 지역은 나선특별시, 평양과 인접한 항구도시 남포는 남포특별시입니다. 수도 평양은 직할시인데, 북한은 한국과 반대로 직할시가 특별시보다 위상이 더 높습니다.

백두대간의 기원, 백두산

북한 5대 명산을 꼽자면 백두산, 묘향산, 칠보산, 구월산, 그리고 금강산입니다. 백두산은 단군 설화가 담긴 민족의 성산이자 백두대간(白頭大幹)이라고 불리는 한반도의 산줄기의 기원이기도 합니다. 백두

쾌청한 날의 맑고 깊은 백두산 천지.

대간은 백두산에서 지리산에 이르는 1,400km의 산줄기를 말하며 금
강산, 설악산, 태백산 등도 여기에 속합니다. 백두산은 지금은 활동을
멈추고 있는 휴화산입니다. 정상에는 화산이 폭발하면서 생긴 구멍에
물이 차 만들어진 천지가 있지요. 천지는 둘레가 14km, 최대 수심이
384m에 이르는 거대한 호수로, 10월 중순부터 5월 중순까지는 눈과
얼음으로 덮여 있습니다. 천지는 중국 흑룡강 지류인 송화강의 발원지
이기도 합니다. 중국에서도 백두산은 장백산이라 불리며 성산으로 숭
앙시되고 있습니다. 백두산 주변에는 온천들도 있습니다. 화산이 많은

일본에 온천이 많은 것과 같은 이치죠.

　백두산으로 오르는 길은 거대한 원시림으로 뒤덮여 있습니다. 천리수해(千里樹海, 숲이 마치 바다처럼 넓게 펼쳐진 모양)라는 말이 실감 날 정도로 장관이라고 합니다. 버스가 두 시간 내내 키가 30m가 넘는 낙엽송들이 빽빽이 들어선 숲을 달린다고 할 정도입니다. 9월에 벌써 눈 1m가 쌓일 정도여서 백두산을 오르려면 8월이 가장 좋다고 합니다. 백두산을 다녀온 여행자들이 남긴 기록을 보면 미국 로키산맥, 북유럽 핀란드의 광활한 침엽수림 못지않은 대자연에 감탄이 절로 나온다고 하는군요.

　북한에서는 백두산을 '혁명의 성지'로 숭앙합니다. 김정은 국무위원장의 할아버지인 김일성 주석이 일제강점기 시절 백두산 일대에서 항일무장투쟁을 벌였기 때문이랍니다. 1937년 6월 김일성이 이끌던 동북항일연군과 재만한인조국광복회가 함경남도 보천군의 경찰서를 기습 공격해 일본 경찰 다수가 숨지고 부상을 당한 보천보 전투가 대표적입니다. 당시 「동아일보」가 이를 크게 보도하면서 김일성이란 이름이 전국에 알려졌습니다. 1937년이면 일제에 대한 우리 민족의 저항운동이 거의 사라진 암흑기여서 이 사건이 주는 충격은 상당했다고 합니다.

　북한에서는 매년 6월이면 이 전투를 기념해 학생, 직장 단위로 백두산 일대를 답사하는 행사가 열립니다. 보통 6박 7일 일정으로, 혜산에서 출발해 김일성 주석의 부대가 활동한 곳으로 알려진 보천보, 삼지연, 청봉, 베개봉, 무두봉, 무봉 등을 거쳐 백두산을 등반합니다. 김정은 위원장도 2012년 최고 지도자가 된 뒤에 여러 번 백두산에 올랐습니다.

예로부터 이름난 묘향산과 금강산

묘향산은 평안북도에 걸쳐 있는 산으로 높이는 1,909m입니다. 조선 시대의 4대 명산 중 하나로 금강산, 구월산, 지리산과 함께 동서남북을 대표하는 산으로 꼽혔다고 합니다. 평양-묘향산 간 고속도로가 연결돼 있어 교통이 편리하고, 공기가 깨끗하기로 이름나 북한 사람들이 수련회 등으로 자주 찾는다고 합니다. 이곳에는 고려 시대인 10세기에 창건된 보현사라는 절이 유명합니다. 방문자들의 말에 따르면 이곳에는 스님들이 머물면서 예불을 드린다고 합니다. 북한에는 종교의 자유가 없고 승려나 목사, 신부 같은 성직자가 없다고 알려져 있지만, 실제론 제한적이나마 종교가 허용돼 있습니다. 이곳에는 국제친선전람관이라는 건물이 있는데 세계 지도자나 명사들이 김일성 부자에게 준 선물을 모아 놓은 곳입니다.

높이 906m의 칠보산은 함경북도에 있는 산으로 북한의 자유무역지대인 나진-선봉지구와 가깝습니다. 화산활동으로 이뤄진 칠보산은 신비로운 형상의 바위가 많고 경치가 아름다워 함경북도의 금강산이라는 뜻의 '함북금강'이라고 불리기도 합니다. 원래는 7개의 산이 있어 칠보산이라고 했지만 6개가 바다에 가라앉았다는 전설이 내려옵니다.

노적봉과 만사봉, 나한봉 등이 펼쳐진 칠보산 전경.

산 동쪽은 동해의 거센 물결에 깎이면서 절묘한 경치를 이루고 있습니다. 부근에는 북한 3대 온천으로 꼽히는 주을온천도 있습니다. 구월산은 황해남도에 있으며 높이 954m입니다. 구월산은 단군 전설이 있어 관련 유적들이 있습니다. 한국전쟁 때 한국군의 유격대가 남아 활동한 곳으로도 유명합니다.

마지막으로 우리에게 잘 알려진 금강산이 있습니다. 강원도 북부에 있는 1,638m 높이의 금강산은 신라, 고려 때부터 중국에까지 알려질 정도로 한반도를 대표하는 아름다운 산이었습니다. 1만 2,000개에 달한다는 수많은 봉우리, 오랜 지질 활동과 풍화작용으로 생긴 기암괴

석 및 폭포 등이 절경을 이루고 있습니다. 금강산은 봄에는 금강산으로 불리지만 여름에는 봉래산, 가을에는 풍악산, 겨울에는 개골산으로 불리기도 합니다. '금강(金剛)'이라는 말은 불교 경전인 『화엄경』에 "해동에 보살이 사는 금강산이 있다."고 적힌 데서 유래한답니다.

금강산은 예로부터 수많은 문인과 화가들의 예찬의 대상이었습니다. 그림 중에는 조선 후기의 겸재 정선이 그린 「금강전도」가 유명하고, '금강에 살으리랏다 금강에 살으리랏다/운무 데리고 금강에 살으리랏다'로 시작하는 이은상의 시조 「금강행」도 있습니다. 최남선의 『금강예찬』도 널리 알려진 기행문입니다. 1998년 현대그룹의 정주영

정선의 「금강전도」. 1734년 만폭동을 중심으로 내금강의 1만 2천 봉우리를 한 화폭에 담았다.

회장이 북한과 협상해 금강산 관광 사업을 시작했습니다. 하지만 2008년 7월 금강산 관광객 피격 사건으로 10년 만에 중단됐습니다.

알래스카보다 더 추운 개마고원

북한의 자연을 이야기할 때 개마고원도 빼놓을 수 없습니다. 개마고원은 마천령산맥과 낭림산맥 및 부전령산맥으로 둘러싸인 약 4만 km² 넓이의 고원입니다. 강원도와 경상북도, 충청북도를 합한 정도의 광활한 지역이 평균 1,500m의 높이로 펼쳐져 있는 것입니다. 그래서 '한반도의 지붕'이라고도 하지요. 겨울철에는 영하 40℃까지 내려갈 정도로 춥고 땅이 척박해 사람들이 별로 살지 않습니다. 그 덕에 불곰, 너구리, 수달, 멧돼지, 산양, 고슴도치, 늑대, 스라소니 같은 다양한 야생동물이 살고 있다고 합니다. 표범과 시베리아호랑이도 간혹 나타난다고 하는군요. 8월 평균기온이 20℃ 이하여서 여름에도 긴팔 옷을 입어야 한답니다.

우리말에 '삼수갑산을 가더라도'라는 표현이 있는데 '어떠한 어려움이 있더라도'라는 뜻입니다. 삼수갑산은 함경남도의 삼수와 갑산 지역을 가리키는 것으로, 동물보다 사람이 더 귀하다고 할 정도로 오지 중의 오지입니다. 이 삼수(三水)가 압록강의 지류인 부전강, 장진강, 허천강인데 장진호는 장진강의 물줄기를 막은 인공 호수입니다. 한국전쟁에 참전한 미군 해병대가 이 개마고원 남쪽 호수 장진호 일대에서 중국군과 전투를 벌이면서 혹독한 추위 때문에 엄청난 고통을 겪기도 했습니다. 미 해병대 사상 최악의 전투였다고 합니다. 전투가 벌어지던 1950년 11월 중순에는 기온이 영하 37℃까지 내려가는 바람에 배터리가 얼어붙어 자동차가 움직이지 않고, 기관총도 잇따라 불발될 정도였습니다. 2주일간의 전투에서 죽거나 다친 병사가 3,600여 명이었는데, 거의 같은 수의 병사가 추위 때문에 죽거나 다쳤습니다.

개마고원에 속해 있는 지역 중에 대홍단이란 곳이 있습니다. 북한이 엄청난 식량난을 겪던 1998년, 김정은 위원장의 아버지인 김정일 국방위원장이 대홍단을 방문해 감자 농업 단지를 짓도록 하면서 전국적으로 유명해진 곳입니다. 감자 농사를 짓기 위해 제대 군인들을 비롯해 전국에서 젊은이들이 이곳으로 많이 이주했다고 합니다. 그런데 이곳은 백두산이 있는 삼지연군 다음으로 추워 1월의 평균기온이 영하 18.5℃입니다. 이곳의 위도는 북위 42도로 이탈리아 로마보다 약간 더 높은 정도인데 춥기는 북위 61도의 알래스카 앵커리지는 물론, 북위 78도에 위치한 노르웨이 스발바르섬보다도 춥습니다. 이처럼 추운 이유는 대홍단이 개마고원에 위치해 해발고도가 높고 바다와 멀리 떨어져 있기 때문입니다.

국경을 이루는 압록강과 두만강

이번엔 강으로 가겠습니다. 먼저 북쪽 끝에 있는 압록강부터 볼까요? 압록강은 백두산에서 발원해 중국과 국경을 이루며 서해로 흐르는 한반도에서 가장 긴 강으로 790km에 이릅니다. 압록강은 허천강 (226km), 장진강(266.3km), 부전강(124km) 같은 여러 개의 지류가 있고, 하류에는 비단섬, 위화도, 황금평 같은 삼각주가 있습니다.

압록강은 한반도와 대륙을 잇는 전략적 요충지였습니다. 삼국 시대에는 고구려가 중상류 지역에 환도성을 쌓아 전시 수도로 활용했습니다. 조선을 건국한 이성계가 요동을 정벌하라는 고려 조정의 명령을 듣지 않고 회군한 위화도가 바로 압록강 하류에 있습니다. 청일전쟁과 러일전쟁 때도 압록강을 차지하기 위한 열강들 간의 전투가 치열했습니다. 일제강점기에는 일본이 중상류에 수력발전을 위해 수풍댐을 건설했는데 당시 아시아에서 가장 큰 댐이었습니다. 한국전쟁 때는 미군이 중국군의 보급로를 끊기 위해 압록강철교를 폭파하기도 했습니다.

압록강 유역은 원시림이 우거져 있는 북한 최대의 임업 지역입니다. 이 부근의 기온은 겨울철에 영하 20~30℃까지 내려가지만 여름철에는 비교적 고온이어서 전나무 같은 침엽수는 물론 떡갈나무, 자작나무 같은 활엽수가 다양하게 분포돼 있습니다. 압록강 상류에서 벌채된 목재들은 지금도 뗏목 형태로 조립되어 강을 타고 하류까지 운반되곤 합니다.

두만강도 백두산에서 시작돼 중국, 러시아와 국경을 이루며 동해로 흐르는, 길이 548km의 강입니다. 두만강 상류 쪽은 수심이 얕고 강폭이 아주 좁아 쉽게 강을 건널 수 있습니다. 때문에 석기 시대부터 이곳은 한반도와 유라시아 대륙을 잇는 통로였습니다. 조선 시대 함경도 지방에 기근이 들면 선조들은 두만강을 건너 간도 지방으로 이주했고, 일제강점기에는 고향 땅을 등진 이들이 강을 건너 만주와 연해주로 떠나기도 했습니다. 이런 이유로 우리 문학에서 두만강은 민족적 수난을 상징하는 시대적 공간으로 형상화됐습니다. 1925년 김동환의 장편 서사시 「국경의 밤」을 비롯해 이효석의 「노령근해」, 안수길의 『북간도』 같은 작품들을 읽어 보면 두만강의 이런 이미지가 잘 나타나 있습니다.

1990년대 중반 이후 탈북한 북한 주민들의 80%가량이 두만강을 넘었다고 하니 두만강의 이미지는 별로 바뀌지 않은 셈입니다. 재중동포 장률 감독의 영화 「두만강」은 두만강에 인접한 중국 조선족 마을에 북한 주민들이 몰래 드나들면서 빚어지는 사건들을 소재로 했는데 영화를 보면 북중 간의 '국경'이 남북의 분계선과 성격이 확연히 다르다는 것을 알 수 있습니다. 1960년대 중국이 문화대혁명의 몸살을 앓던 시기에는 조선족들이 식량을 구하러 북한에 들어가기 위해 두만강을 건너오는 일이 많았다고 합니다. 일본에서 활동하고 있는 북한 전문가 리 소테츠에 따르면 1960년대 중국 동북 지역에서 10만 명이 넘는 조선족 출신 지식인들이 북한에 건너갔다고 합니다. 당시 북한은 중국보다 잘살았기 때문입니다.

두만강의 중상류 지역은 드넓은 원시림이 펼쳐져 있고 삼림 외에도 산열매와 산채류, 약초 등이 다양하게 서식한다고 합니다. 두만강 하구는 유엔개발계획(UNDP) 주도하에 북한과 중국, 러시아, 한국, 몽

①압록강 유역의 삼각주(2013년 7월). ②얼어붙은 두만강 전경. 사진 오른쪽이 북한, 왼쪽이 중국이다(2017년 1월).

골, 일본 등 6개국이 참가하는 국제적 개발 사업이 추진되고 있는 곳이기도 합니다.

민족사의 자취가 서린 강들

청천강은 서해로 흐르는 강으로 평안남도와 평안북도의 경계를 이룹니다. 낭림산맥에서 발원하며 총길이는 약 199km로 압록강과 달리 거의 직선으로 흐르고 수량도 풍부합니다. 하류는 평야 지대로 안주·박천평야가 있습니다. 청천강은 살수대첩으로도 유명한 곳입니다. 612년 중국 수나라 양제의 113만 대군이 고구려를 침략했을 때 을지문덕 장군이 이곳에서 수나라 군대를 크게 물리쳤습니다.

우리에게 잘 알려진 대동강은 북한의 중심부를 흐르는 길이 450km의 강입니다. 낭림산맥에서 발원해 평양직할시·남포특별시를 거쳐 서해로 흘러갑니다. 대동강 유역은 고대 문화의 발상지로 강 유역에는 고구려의 유적지가 많습니다. 평양에서는 시내를 남북으로 나누며 흐르는데 능라도, 양각도 같은 섬이 있습니다. 절기를 나타내는 속담에 "우수(양력 2월 19일)가 지나면 얼었던 대동강 물이 풀린다."는 말이 있습니다. 대동강 물을 팔아먹었다는 봉이 김선달의 설화로도 알려져 있고, 최근에는 북한에서 만든 맥주 이름으로도 유명합니다. 한국에서 활동해 온 영국 이코노미스트 기자 다니엘 튜더가 2012년 '한국 맥주가 대동강 맥주보다 맛이 없다'는 내용의 칼럼을 쓰면서 대동강이 화제가 되기도 했습니다.

예성강은 황해북도 수안군 언진산에서 물줄기가 시작되어 황해남도 배천군과 개성시 개풍군을 거쳐 서해로 흘러드는 길이 187km의 비교적 짧은 강입니다. 예성강은 고려 시대의 수도인 개성과 가깝고 큰 배도 자유롭게 드나들 정도로 수심도 깊어 고려 시대 무역의 중추기지 역할을 했습니다. 강 하구에는 고려 시대의 대표적인 국제 무역항인 벽란도가 있습니다. 벽란도에는 중국과 일본은 물론 페르시아와 아라비아 상인들까지 드나들면서 '코리아(고려)'가 서양에 알려졌습니다. 예성강은 해방 후 38선 이남 지역이었지만 한국전쟁 이후 북한 지역으로 편입됐습니다.

마지막으로 동해로 흐르는 성천강을 보겠습니다. 성천강은 함경남도의 금패령에서 발원해 함흥시를 거쳐 동해로 흘러드는 99km 길이의 강입니다. 동해로 흐르는 강으로는 두만강에 이어 두 번째로 큰 강입니다. 하류의 함흥평야는 함경도의 곡창 지대였고, 이후 개항과 함경선의 개통이 이루어지면서 함경남도의 중심지가 됐습니다. 함흥과 흥남 등 함경남도 주요 도시에 농업·공업용수를 보급하는 젖줄인 셈입니다.

한옥마을이 있는 천년 도시, 개성

이제부터는 도시를 살펴봅시다. 개성은 북한 황해북도 남쪽 끝에 있는 도시로 서울에서 78km, 2018년 4월과 5월에 남북정상회담이 열

①개성 시내 전경(2012년 8월).
②개성 거리 풍경(2015년 10월).
③고려박물관 전시관 내부(2017
년 9월).

렸던 판문점에서 불과 12km 떨어져 있습니다. 행정구역상으로는 황해북도 개성특급시입니다. 위도상으로 38선 이남 지역이어서 해방 후엔 남한에 속해 있었지요.

남북은 1950년 이전부터 개성 부근에서 치열한 전투를 벌여 왔습니다. 특히 1949년 5월에 국군 1사단과 조선인민군 38선 경비여단 간에 벌어진 송악산 전투는 양측 합해 1,000명이 넘는 사상자를 낸 대규모 전투였습니다. 한국전쟁이 전면적으로 일어난 것은 1950년 6월 25일이지만 그 이전부터 이미 전쟁이나 다름없는 충돌이 벌어졌던 것입니다.

개성은 고려 시대의 도읍으로 지금도 수많은 유적들이 남아 있는 역사·관광 도시입니다. 고려를 세운 태조 왕건의 무덤인 현릉과 고려 시대 교육기관인 성균관, 고려 말 충신 정몽주가 암살됐다는 선죽교, 고려 왕궁터인 만월대, 공민왕릉 등이 대표적인 관광지입니다. 2013년에 개성의 12개 유적군이 유네스코 세계유산에 등재되기도 했습니다. 또 수천 채에 달하는 대규모 한옥마을이 있어 관광지로서의 가치가 높습니다.

개성은 개성공단이 생기면서 우리에게 더 친숙해진 곳입니다. 남북 화해 정책을 추진하던 김대중 대통령 때 착공돼 2004년 완공된 개성공단은 남측 124개 기업이 입주해 5만 4,000여 명의 북한 노동자들과 함께 일하며 연간 5억 달러의 상품을 생산했습니다. 의류, 봉제, 신발 업종의 기업들은 우리 노동자의 인건비가 비싸지면서 동남아 등 해외로 공장을 옮길 처지였지만 세계에서 가장 임금이 싸면서도 수준이 높은 북한 노동자들과 만나면서 많은 이익을 올릴 수 있었습니다.

더구나 개성공단을 조성하기 위해 북한은 군부대를 10~15km나 뒤로 물렸습니다. 휴전선을 그만큼 북상시킨 것이나 마찬가지입니다. 우리는 자본과 기술을, 북한은 노동력과 토지를 제공해 남북이 공동으로 이익을 보게 됐고, 군사적 긴장도 그만큼 완화됐던 것입니다. 개성공단은 계획대로라면 경남 창원공단에 맞먹는 규모로 확장될 예정이었습니다. 하지만 2008년 이명박 대통령 이후 남북 관계가 악화되면서 계획의 10%도 안 되는 규모로 명맥만 유지해 왔습니다. 그러다가 2016년 북한이 핵실험에 나서자 당시 박근혜 대통령이 공단 가동을 중단시켰습니다. 우리 기업들은 거의 빈손으로 개성을 떠날 수밖에 없었습니다.

2018년 4월 27일 남북정상회담이 열렸지요. 이날 채택한 '판문점

통일 수도 후보지 개성

개성은 한반도의 한가운데 위치해 있고, 서울과 평양을 잇는 철도의 중간 기착지입니다. 해방 후에는 남한에 속했다가 전쟁으로 북한에 편입되기도 했고, 정전(휴전)협정이 체결된 판문점도 개성 안에 있습니다. 여러 가지 면에서 상징성이 깊기 때문에 개성이 통일 수도로 적합하다는 의견이 있습니다. 개성을 남북 경제협력의 중심 도시로 키우는 한편 평화시로 조성하자는 의견도 나옵니다. 미국의 북한 전문가인 조지아대 박한식 교수의 구상입니다.

유엔 관련 기구를 유치해 국제적 위상을 높이고 인접한 비무장지대에 평화공원을 조성하는 것도 검토해 볼 만합니다. 일본이 태평양전쟁 패전 후 원폭 피해를 당한 히로시마시에 평화공원을 조성한 것처럼 분단의 상징적 장소인 비무장지대에 반전 평화를 되새기는 평화공원을 짓는다면 국제사회에 주는 울림이 클 것입니다. 남북이 공동으로 대학을 설립해 청년들이 함께 공부하고, 해외 유학생들을 유치할 수도 있습니다. 분단을 극복하고 남북 간 화해와 협력을 이끌어 가면서 민족의 미래를 모색하는 인재들이 나올 수 있겠죠.

고려 시대의 개성은 중국은 물론 동남아시아, 중동 상인들까지 왕래하는 국제도시였다고 합니다. 이 유서 깊은 도시가 한반도는 물론 세계 평화의 중심도시가 된다면 얼마나 멋질까요?

*이 글은 『선을 넘어 생각한다』(박한식·강국진 지음)를 참고했습니다.

선언'에서 개성에 '남북공동연락사무소'를 두기로 하였습니다. 공동연락사무소는 대사관과 비슷한 역할을 하게 됩니다. 개성이 다시 남북화해의 거점이 될 가능성이 커진 것이지요.

교통의 요충지 국경도시들

이번엔 북한의 국경 지역으로 가 볼까요? 북쪽으론 비무장지대에 막혀 있고 삼면이 바다로 둘러싸인 남한에서 살고 있는 우리에겐 국경이라는 개념이 낯설 것입니다. 하지만 앞에서 보았듯이 북한은 중국, 러시아와 육지로 연결돼 있습니다. 물론 압록강과 두만강이 자연 경계가 되고 있지만 강폭이 좁은 곳은 금방 건너갈 수도 있다고 했었지요?

한반도를 토끼처럼 생겼다고 했을 때 토끼의 귀 끝 부분에 있는 도시가 나선특별시입니다. 두만강 하구에 자리 잡은 나선특별시는 중국·러시아와 국경을 맞대고 있는 교통의 요충지일 뿐 아니라 겨울에도 얼지 않는 부동항이어서 전략적으로도 가치가 큽니다. 러시아가 겨울에 동해와 태평양으로 진출하려면 이 나진항을 빌릴 수밖에 없습니다. 러시아는 극동에 블라디보스토크라는 항구도시가 있긴 하지만 겨울에는 항구 바깥쪽 바다가 얼어붙어 쓸모가 없기 때문입니다. 포시에트라는 항구도 있지만 수심이 얕아 큰 배를 정박시킬 수는 없습니다. 중국도 동북 3성으로 불리는 만주 지역에서 생산된 상품을 태평양 쪽으로 운송하려면 나진항이 절대 필요합니다.

①함흥시 풍경(2014년 6월). ②중국 단둥에서 바라본 신의주시(2017년 겨울). ③신혼부부와 일행이 걷고 있는 청진 시내(2015년 3월).

이곳의 전략적 가치를 먼저 알아본 것은 일본이었습니다. 일제강점기 1939년 조선총독부가 이곳을 총독부 직속 행정기관인 나진청으로 만드는 계획을 세웠지만 일본이 1945년 패망하면서 실현하지 못했습니다. 이후 북한이 1991년 12월 이 지역에 '자유무역지대'를 설립하고 본격적인 두만강 개발에 착수했습니다. 1993년에는 나진과 선봉을 합쳐 나진선봉시로 개칭하고 경제무역특구로도 지정했고요. 유엔도 두만강유역개발계획을 추진할 정도로 국제적인 관심을 모았으나 북한의 핵 개발을 둘러싼 갈등 때문에 계획이 유야무야된 상태입니다. 바꿔 말해 북한의 핵 문제가 해결되고 한반도에 평화가 정착되면 나선이 러시아·중국·남북한의 경제 중심 도시로 도약할 수 있다는 뜻입니다. 남북이 철도 연결에 나서면 앞으로 부산에서 나진-하산을 거쳐 시베리아 철도를 통해 유럽으로 갈 수도 있겠지요?

중국과 국경을 맞대고 있는 서쪽 끝 도시 신의주로 가 볼까요? 압록강 하구에 있는 신의주는 일제가 경의선 철도를 개설하면서 급격히 발달한 도시입니다. 강 너머 중국의 국경도시 단둥과는 압록강에 놓인 철교, '조중우의교'를 통해 연결됩니다. 김정은 위원장이 2018년 3월 열차로 중국을 방문했을 때도 압록강철교를 건넜습니다.

북한은 중국의 투자를 유치하기 위해 2002년 이곳을 특별행정구로 지정했습니다. 중국과 북한은 신의주와 단둥을 연결하는 총 길이 3km 신압록강대교를 짓기도 했습니다. 최근 신의주에는 신축 건물과 호텔 등이 들어서는 등 개발붐이 일고 있습니다. 북한이 경제제재에서 벗어나게 되면 신의주는 북중 경제협력의 중심 도시가 될 것입니다.

북한의 나폴리, 원산

한반도가 토끼라면 토끼의 뒷덜미에 해당하는 지역이 동해안의 도시 원산입니다. 한국전쟁 때 미군의 집중적인 폭격을 받아 '원산 폭격'이라는 말까지 유래된 곳이죠. 원산은 19세기 일본이 조선과 강화도조약(1876년)을 맺으면서 인천, 부산과 함께 개항을 요구한 곳이기도 합니다. 러시아의 남하 정책을 저지하기 위해 원산을 서둘러 확보하려던 것이었습니다. 그만큼 원산은 전략적 요충지였습니다. 일제강점기에는 정유 공장을 비롯한 각종 중화학 공업 단지가 집중적으로 조성된 공업 도시이기도 했습니다.

원산은 예로부터 유명 피서지이기도 했습니다. 일제강점기에는 서울에서 동해로 놀러 간다고 하면 경원선을 타고 원산으로 가는 것이 보통일 정도였습니다. 북위 39도에 위치하지만 바닷가인 데다 병풍처럼 감싼 마식령산맥 덕분에 비교적 기후가 온화합니다. 북쪽 호도반도와 남쪽 갈마반도, 20여 개의 섬이 천연 방파제 역할을 하고 있어 해수욕에도 안성맞춤입니다. 그래서 일제강점기인 1910년대 한국을 찾은 외국인 선교사들이 이곳 갈마반도에 별장을 많이 지었습니다. 그런가 하면 스키 휴양지로도 유명했습니다. 근처가 마식령산맥의 줄기인 데다 한겨울에 눈이 풍성하게 내리기 때문이죠. 해방 전에만 해도 마식령산맥 곳곳에 스키장과 산장이 있었습니다. 지금은 송도원국제소년단야영소라는 청소년 휴양 시설이 있어 해마다 각 학교의 학생들이 해외에서 온 청소년들과 교류하는 행사가 열립니다.

해방 전에는 원산 바로 밑의 안변에서 강원도 양양을 잇는 '금강산청년선'(125km)이라는 철도 노선이 있었습니다. 느릿느릿 달리는 열차 안에서 동해안의 석호(바다에 접해 있는 호수)와 해변이 어우러진

①원산 해변의 석양.
②만경봉호가 정박해
있는 원산. ③금강산
과 원산 사이를 달리
는 기차.

환상적인 경관을 감상할 수 있었다고 합니다. 이 구간에는 석호뿐 아니라 연필을 세워 놓은 듯한 바위들이 곳곳에 서 있습니다. 총석정이라고 하는 이 바위들의 예술 작품 같은 형상을 직접 보면 탄성이 절로 나온다고 합니다. 금강산~원산 일대는 동북아시아의 국제적인 관광지가 될 잠재력이 충분해 보입니다.

사회주의 계획도시, 평양

마지막으로 북한의 수도인 평양으로 가 보겠습니다. 평양은 의외로 서울과 닮은꼴입니다. 도시 한가운데를 큰 강(한강과 대동강)이 가르고 있다는 점도 그렇고, 항구도시(인천과 남포)가 인접해 있는 것도 마찬가지입니다. 남쪽 지역에 '강남'이 있는 것도 닮은 점 중 하나네요. 그런데 서울과 달리 평양의 강남은 이제 막 개발이 시작되고 있는 단계입니다.

평양은 고구려의 도읍이었고, 고려 시대에도 서경(西京)으로 불리는 제2의 수도였습니다. 해방된 뒤 북한 정부가 평양을 평안남도에서 분리해 특별시로 승격시켰습니다. 지금은 평양직할시로 불립니다.

서울 면적의 2배가량 되는 크기에 250만 명이 모여 사는 평양은 말 그대로 정치·문화·교육의 중심지 역할을 하고 있습니다. 평양은 한국전쟁 때 엄청난 폭격을 받아 멀쩡한 건물이 단 두 채 남아 있을 정도로 잿더미 상태에서 재건됐습니다. 이 과정에서 사회주의 건축 양식과 상

미래과학자거리의 아파트　　　　　　　　　　　　　　　　　　평양고려호텔　　김책공업종합대학　　　　　　　　　　유경호

평양 전경(2013년 5월).

징성 강한 공간 배치가 인상적인 '사회주의 도시'로 재탄생했습니다.

　평양의 대표적인 공간은 평양 중심부에 자리 잡은 인민대학습당과 김일성광장, 주체사상탑입니다. 인민대학습당은 북한의 국립중앙도서관 격인데 원래는 정부청사를 지으려던 것인데 김일성 주석의 지시에 따라 도서관이 되었다고 합니다. 연면적 10만㎡에 너비 150m, 높이 63m의 10층 건물인데 한옥 지붕을 얹은 전통적 외관의 건물입니다. 3,000만 권의 장서 능력을 가진 대규모의 서고와 6,000명이 앉아 책을 읽을 수 있는 열람실, 그리고 강의실, 음악 감상실, 녹음실 등 600개의 방이 있습니다.

　인민대학습당 바로 앞에는 김일성광장이 펼쳐져 있고 광장 좌우에는 조선중앙역사박물관, 조선미술박물관, 외무성 청사를 비롯한 공공기관이 배치돼 있습니다. 서울로 치면 광화문 경복궁 자리에 국립중앙도서관이 들어서 있다고 생각하면 알기 쉽겠죠? 북한 주민이라면

인민대학습당　　　만수대아파트　　　능라도 옥류교　　　주체사상탑
　　　　　　　　　　　　　　　　　　　　5월1일경기장

평양대극장　김일성광장　　　　부벽루　　　대동교　유경원과 인민야외빙상장　　대동강

누구나 이용할 수 있는 도서관을 도시의 핵심부에 배치한 것은 사회주의 발전을 위해서는 학습이 중요하다는 점을 강조하는 상징적 의미가 있다고 볼 수 있겠지요. 인민대학습당과 김일성광장, 대동강 건너편의 주체사상탑이 일직선으로 연결된 것도 여러 가지 의미를 담은 배치일 것입니다. 주체적인 사회주의 건설을 위해 단결하고 학습하자는 취지가 아닐까 합니다.

　북한은 사회주의 국가인 만큼 모든 토지는 국가 소유입니다. '금싸라기 땅'에 백화점 같은 상업 시설을 짓지 않고 공공성 강한 건물이나 주택을 지을 수도 있는 것입니다. 녹지 공간이나 공원, 기념물이 자리할 공간도 상대적으로 넓어집니다. 대로변에는 아파트를 짓고, 주택가 안쪽에 공업·상업 지구를 배치해 둔 것도 우리와 좀 다릅니다. 그러다 보니 집과 직장이 그리 멀지 않은 공간 배치라고 합니다.

　평양의 대중교통 수단으로는 1973년에 완공된 지하철을 비롯해

①광복절 행사가 열리고 있는 김일성광장(2018년). ②평양학생소년궁전(2015년). ③평양역(2015년).

①평양의 지하철. ②평양의 무궤도전차.

궤도전차와 무궤도전차, 시내버스가 있습니다. 무궤도전차는 '더듬이'
가 달린 버스입니다. 일반 버스와 달리 전선에서 전기를 공급받아 운
행하는 차량으로 따로 선로 없이 도로를 따라 주행합니다. 최근에는
택시들도 늘어나고 있다고 합니다.

평양 주변에는 낙랑, 고구려의 고분군과 선사시대의 고인돌 등의
유적들이 많습니다. 이중 고구려의 고분군은 2004년 유네스코의 세계
문화유산으로 지정됐습니다. 단군릉과 동명왕릉, 평양성, 을밀대 등이
볼거리입니다. 시내에는 고려호텔을 비롯한 대형 호텔들이 많고 동평
양대극장 같은 문화예술 시설이 많습니다. 유경(柳京)이라는 별칭답게
대동강 강변에는 버드나무 산책로가 펼쳐져 있습니다.

평양은 북한이 아니다?

북한 전문가들이나 탈북자들은 "평양은 북한이 아니다."라고 합니다. 그만큼 평양과 지방 간의 격차가 크다는 것인데요. 제가 2000년부터 2002년까지 세 차례에 걸쳐 평양과 신의주, 함경남도 신포라는 지역을 가 보았는데, 실제로 평양과 나머지 지역의 격차는 매우 커 보였습니다.

그런데 어느 나라이건 경제개발 도중에는 도시와 농촌, 수도와 지방 간의 격차가 커지게 마련 아닐까요? 이 단계를 넘어서고 경제가 성숙하면서 격차가 서서히 줄어듭니다. 한국도 1980~90년대만 해도 서울과 지방 간의 격차가 컸던 것이 사실입니다. 많은 사람들이 일자리를 구하기 위해 상경하면서 서울은 90년대에 이미 인구 1,000만 명이 넘는 과포화 도시가 됐습니다. 서울과 경기, 인천 지역에 한국 인구의 절반 가까이가 몰려 사는 것은 아무래도 지방보다는 기회가 많기 때문인 것이죠.

그런데 평양의 인구는 북한 전체 인구의 10%에 불과합니다. 사회주의 국가여서 인구 유입을 통제하는 것이죠. 북한에서는 '17세 이상의 조선민주주의인민공화국 인민'은 공민증을 발급받지만, 평양시민은 1997년부터 특별히 '평양시민증'을 발급받습니다. 북한은 평양 이외의 지역도 점차 개발해 격차를 줄여 나갈 계획이었지만 90년대 사회주의권 붕괴로 경제가 위기에 처하면서 엄두도 못 내는 상태가 됐습니다. 그 바람에 평양과 여타 지역 간의 격차가 더 커져 버린 것이죠. 김정은 시대의 북한이 해결해야 할 과제 중 하나는 바로 이 격차 해소일 것입니다.

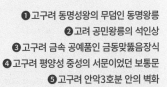

❶ 고구려 동명성왕의 무덤인 동명왕릉
❷ 고려 공민왕릉의 석인상
❸ 고구려 금속 공예품인 금동맞뚫음장식
❹ 고구려 평양성 중성의 서문이었던 보통문
❺ 고구려 안악3호분 안의 벽화

❶ 고려 관음사 근처 동굴 안의 관음보살상
❷ 고려 시대 교육기관인 성균관
❸ 정몽주가 피살된 곳으로 알려진 선죽교
❹ 고려 보현사 팔각십삼층석탑

3부.
북한 십대들은
어떻게 살고 있을까

북한 사람들은 어떻게 일상을 보내고 있을까요? 그간 북한에 관한 보도를 보면 북한 권력층이 처형당했다든가, 탈북자들이 급증했다는 부정적인 소식, 아니면 김일성광장에서 대규모 군사 행진을 벌이거나 미사일을 시험 발사하는 '위험한' 영상들이 대부분이었죠. 그렇지만 지금 이 시간 북한 사람들도 우리와 크게 다를 것 없이 학교와 직장에 다니고 저녁엔 가족과 함께 시간을 보내고 있을 겁니다. 2018년 7월 부천판타스틱영화제에서 상영된 북한 영화 「우리 집 이야기」를 보면 수학 경시대회를 앞둔 학생에게 "죽어라고 공부해. 공부하다 죽은 사람 없어."라며 독려하는 대사가 나옵니다. '남이나 북이나 별 차이가 없구나.' 싶은 생각이 드는 장면이었죠.

북한의 십대, 그리고 북한의 보통 사람들은 어떻게 살아가고 있는지 알아볼까요?

부모 같은 담임선생님, 형제 같은 반 친구들

북한의 아이들은 태어나면 대체로 탁아소(어린이집)에서 생활합니다. 엄마가 가정주부라면 탁아소에 가지 않는 경우도 있지만 여성들

대부분이 직장을 다니고 있어 출근하면서 아이를 맡겼다가 퇴근길에 데려갑니다. 북한은 정부가 수립되기도 전인 1947년 6월 '탁아소 규칙에 관한 보건국 명령 제5호'를 내려 일하는 여성들을 위한 탁아소를 설치했습니다. 북한의 '어린이 보육교양법' 2조에는 "모든 어린이들을 탁아소와 유치원에서 국가와 사회의 부담으로 키운다."고 돼 있습니다. 북한이 일찌감치 탁아소 제도를 만든 데는 어릴 적부터 집단성을 길러 공산주의형 인간으로 키우려는 목적도 분명히 있을 것입니다. 하지만 엄마들이 아이를 맡기기 위해 보육 전쟁을 벌이고 있는 우리 현실을 생각하면 북의 제도를 무조건 나쁘게 볼 것만은 아닌 듯합니다.

만 4세가 되면 탁아소를 떠나 2년제 유치원에서 생활합니다. 만 6세가 되면 우리의 초등학교인 소학교에 입학합니다. 북한은 의무교육 기간을 11년에서 최근 12년으로 늘렸습니다. 소학교를 4년 과정에서 5년 과정으로 늘리면서 1년이 늘어난 것이죠. 유치원의 높은 반 1년, 소학교(초등학교) 5년, 초급중학교(중학교) 3년, 고급중학교(고등학교) 3년간이 국가가 교육 책임을 지는 의무(무상)교육 기간입니다. 학생들에게는 교복과 신발, 양말, 책가방, 교과서, 학용품 등 학교 공부에 필요한 물품 일체를 국가가 제공한다고 합니다. 경제가 어렵던 시절에는 물건의 질이 나빴지만, 최근 경제 사정이 나아지면서 북한 당국이 학용품의 질을 높이는 데 힘을 쏟고 있다고 합니다.

북한의 학교에서는 담임선생님이 한 분만 계시는 것도 우리와 다른 점입니다. 입학 때 정해진 담임선생님이 졸업할 때까지 그대로 학

은하과학자거리 부근 소학교 교실에 있는 장난감 의료 기구(2013년 12월).

생을 맡는 것이지요. 소학교는 4년, 중학교라면 3년 내내 한 선생님이 담임을 맡습니다. 그러다 보니 부모보다도 학생들의 사정을 더 잘 알게 됩니다. 아이의 재능과 적성이 뭔지, 장단점은 뭔지를 잘 알기 때문에 세심한 지도를 할 수 있고, 부모 자식만큼이나 정 깊은 사이가 되기도 합니다. 그런데 북한의 담임선생님은 때로는 학생들에게 체벌을 할 정도로 엄격한 면도 있다고 합니다. 2001년 한국에 온 한 탈북자는 "선생님이 아이들에게 체벌을 가해도 부모님들은 선생님의 권위를 인정해 항의하지 않는 게 보통"이라고 말합니다.

담임선생님이 그대로라는 건 반 친구들도 그대로라는 뜻입니다. 입학했을 때 사는 동네가 같으면 같은 반이 돼 졸업할 때까지 함께 지내게 됩니다. 아이들은 아침 등교 때 모여서 함께 가고 학교가 끝나면 친구 집에 모여 숙제를 하거나 놀기도 합니다. 초급중학교와 고급중학교로 진학해도 한 동네 친구끼리 같은 반이 되는 경우가 많아 길게는 12년간 함께 학교생활을 하게 됩니다. 오랜 기간을 함께 있다 보니 형제자매처럼 친해지고, 친구 부모님도 친부모나 다름없을 정도로 정을 나누며 지낸다고 합니다.

학교 '소조활동'은 방과 후 활동

북한 관련 뉴스를 통해 '소조'라는 말을 한 번쯤 들어 본 일이 있을 겁니다. '3대 혁명소조'라는 무시무시한 말도 있죠. 그런데 소조는 '작을 소(小)'에 '짤 조(組)' 즉, 소모임이란 뜻으로 중국에서 건너온 말입니다. 북한 학교에서 소조활동은 수업이 끝난 뒤 조별로 모여서 하는 방과 후 활동을 가리킵니다. 학교 수업이 소학교는 정오, 중학교는 오후 1시 30분쯤 끝나는데, 학생들은 일단 집에 돌아가 점심을 먹고 오후 3시까지 다시 학교에 와서 과외활동을 하게 됩니다. 어떤 날은 오전에 배운 것을 복습하고 어떤 날은 과목 소조활동을 합니다. 음악에 소질이 있는 아이들은 음악 소조에서, 운동에 재능이 있는 아이는 체육활동 소조에 들어가게 됩니다. 북한은 아이들의 과외 교육을 위해 학생소년궁전과 학생소년회관을 지어 운영하고 있습니다. 평양직할시와 지방을 통틀어 약 200여 개가 있는데, 방과 후에 대부분 이곳에서 과

①만경대학생소년궁전에서 미술 소조활동을 하는 학생들(2012년 6월).
②만경대학생소년궁전에서 무용 소조활동을 하는 학생들(2013년 3월).

외 학습을 받고 집으로 간다고 합니다.

　북한의 유치원생이 자기 몸집보다도 큰 기타를 놀라운 솜씨로 연주하는 장면이 가끔 화제가 되기도 하는데, 이렇게 재능이 뛰어난 아이들은 학교의 추천을 받아 특수학교로 진학해 영재교육을 받습니다. 11년제로 운영되는 음악학교, 무용학교, 조형예술학교에서 교육을 받고 평양음악무용대학, 2.16예술전문학교, 7.18고등예술전문학교 등으로 진학하는 식이죠. 북한의 영재교육은 특히 음악 분야에서 성과를 보이고 있습니다. 2016년에 열린 쇼팽 국제 청소년 피아노 콩쿠르 2그룹(11~13세의 청소년 부문)에서 북한의 피아니스트 마신아(당시 13세)가 1위를 차지했습니다. 2018년 3월에 어린이들을 대상으로 한 쇼팽 국제 폴란드 그랜드피아노 음악 경연에서도 북한의 홍다영, 조미래가 각각 2, 3등에 올랐습니다.

　2000년 6·15 남북정상회담을 축하하기 위해 평양교예단이 서울에 와서 공연을 한 적이 있었습니다. 널뛰기, 공중 줄타기 등 놀라운 묘기로 관객들을 사로잡았는데요, 이들은 소학교를 졸업한 뒤 곧바로 교예학교로 진학해 교예(서커스)를 계속 연마했다고 합니다. 아이들의 재능을 살리는 특수교육 제도가 체계화돼 있는 셈입니다.

　2000년 5월 서울 예술의전당 오페라극장에서 열린 평양학생소년예술단의 공연을 취재했었는데요, 빼어난 가창력은 물론이고 드럼과 꽹과리, 장고, 목금(마림바)을 가리지 않고 수준급으로 연주해 서울 관객들을 깜짝 놀라게 했던 리진혁 소년은 커서 은하수관현악단의 드럼

북한 아이들이 맨 붉은 넥타이의 정체는?

북한 사진이나 영상을 보면 아이들이 너나없이 붉은 넥타이를 매고 있는 모습을 볼 수 있습니다. 붉은 넥타이는 소년단원임을 나타내는 표시로, 북한에서는 소학교 2학년부터 누구나 소년단에 가입해야 합니다. 우수한 학생일수록 입단 시기가 빨라 김정일 국방위원장의 생일인 2월 16일에 가입합니다. 2차 가입은 김일성 주석의 생일인 4월 15일, 마지막으로 소년단 창립일인 6월 6일에 나머지가 가입합니다. 소년단원이 되면 생활총화 등 모든 사업과 생활을 조직에 보고해야 합니다. 한마디로 조직의 의지와 뜻에 따라 생활하는 '조직원'이 되는 셈이죠.

소년단원이 되면 붉은 넥타이와 함께 가슴에 '항상준비'라고 쓰인 횃불 모양의 배지를 부착해야 합니다. '항상준비'는 1958년 김일성 주석이 "소년단은 공산주의 건설의 후비대로서 지·덕·체를 항상 겸비하도록 하시오."라고 한 데서 유래한 것으로 소년단의 경례 구호이기도 합니다. 소년단의 경례는 군인들의 거수경례와 달리 팔꿈치를 꺾은 채로 손을 펴서 머리 위로 올리는 독특한 방식입니다.

소년단원들은 고급중학교 1년이 되면 김일성-김정일주의청년동맹에 가입해야 합니다. 사로청은 만 30세까지의 청년들의 조직인데, 사로청원이 되면 붉은 넥타이와 소년단 배지 대신 가슴에 휘장이라고 불리는 '김일성 배지'를 부착하게 됩니다. 이 배지를 달면 북한 사회에서는 성인으로 인정받습니다. 북한 체제에 대한 충성심을 유도하기 위한 부착물이지만 '성인의 표장'이라는 의미도 있는 것입니다. 북한은 체제 특성상 단체생활을 중시합니다. 소년단과 사로청도 북한의 체제를 유지하는 근간이 돼 왔음을 부정하기는 어렵겠지요.

연주자가 됐습니다. 아이답지 않은 저음으로 '김치 깍두기의 노래'를 불러 인기를 모은 김주향 어린이(당시 8세)는 2018년 2월 평창동계올림픽 때 삼지연관현악단의 단원으로 서울에 내려오기도 했습니다.

『안나 카레니나』를 읽는 학생들

북한의 학생들이라면 주로 '김일성·김정일 혁명역사'를 암송하고, 군사훈련에 많은 시간을 할애하는, '혁명 전사' 같은 이미지가 떠오를지도 모릅니다. 실제로 사상 교육이 이뤄지고, 군사훈련도 받긴 하지만 그것만이 다는 아닙니다. 북한 학생들은 소학교 3학년 때부터 영어를 공부하기 시작하고, 외국 고전들도 많이 읽습니다. 최근에는 개방 시대에 대비해 영어 교육 열풍이 불고 있다고 합니다.

북한 학생들에게 인기 있는 외국 문학으로는 러시아의 대문호 톨스토이의 『전쟁과 평화』, 『안나 카레니나』, 『부활』, 알렉상드르 뒤마의 『몬테크리스토 백작』, 루쉰의 『아큐정전』 같은 책들이 있습니다. 『제인 에어』(샬럿 브론테), 『테스』(토머스 하디), 『돈키호테』(세르반테스), 『생의 한가운데』(루이제 린저)도 많이 읽히는 책이라고 합니다. 외국의 시인 중에서는 하이네, 바이런의 작품이 많이 읽히고 있고, 셰익스피어의 「햄릿」을 비롯한 4대 비극은 정규 교과과정에 실려 있기도 합니다. 소학교 학생들이 즐겨 읽는 외국 소설은 『벌거벗은 임금님』, 『왕자와 거지』, 『셜록 홈스』, 『루팡 이야기』, 『걸리버 여행기』, 『알리바바와 40인

평성시 한 소학교에서 영어 수업을 하는 모습(2015년 10월).

의 도적』 등입니다.

북한에서는 1969년 하반기부터 외국 소설과 고전들이 자취를 감
췄다가 1980년대 초반에 다시 등장했다고 합니다. 주체사상과 민족주
의를 지나치게 강조하느라 외국 작품들을 배격했지만, 세계 인류가 남
긴 문화유산들을 외면한다면 '우물 안 개구리'가 될 수 있다는 우려가
컸던 모양입니다.

북한에서는 소학교 3학년부터 매주 1시간씩 외국어를 배웁니다.
한동안 북한에서 외국어라면 주로 러시아어였고, 영어는 대학에서만
배웠다고 합니다. 그러다 80년대 말 소련 등 사회주의권 국가가 몰락
하면서 러시아어 대신 영어를 가르치는 학교들이 점차 늘어나 이제는

고생과 추억이 반반, 농촌 지원

북한의 고급중학생(고교생)들은 매년 두 달씩 농촌 지원을 나가야 합니다. 식량과 간식, 속옷까지 넣은 배낭을 꾸려 한 학년이 단체로 차를 타고 농촌 마을에 가서 한 달간 농사일을 돕는 것이지요. 농가 한 집에 두 명꼴로 배치돼 집주인과 숙식을 같이 하며 일을 합니다. 모내기 철에는 뙤약볕 아래에서 허리를 구부려 모를 심거나 비지땀을 줄줄 흘려 가며 잡초를 뽑는데 노동량이 많아 무척 고되다고 합니다. 한 달 일을 마치고 돌아오면 얼굴이 새카맣게 탈 정도입니다.

얼핏 생각하면 가기 싫어할 것 같지만 즐거운 추억이 많아 은근히 기다려진다고 합니다. 고된 일과가 끝나고 저녁식사를 마치면 학생들이 들판에 모여 오락회를 갖는다고 합니다. 달밤에 모닥불을 피워 놓고 둥그렇게 모여 앉아 노래도 부르고 장기자랑도 하고 춤도 춥니다. 남녀 공학에 다녔던 한 탈북 여성은 말합니다. "분위기가 무르익으면 남학생들이 평소 마음에 드는 여학생을 불러내 함께 춤추곤 했어요. 맘에 드는 남학생이 내 쪽으로 오지 않을까 하고 가슴 두근거리던 일이 생각나요." 그러다 커플이 탄생하기도 하고, 남학생이 맘에 드는 여학생의 작업을 몰래 도와주기도 한답니다.

한창 사춘기 시절이니 뭔들 재미없을까요? 농촌 지원 기간에 잊지 못할 추억을 쌓은 학생들은 학교로 돌아와서도 몇 달간은 농촌 지원으로 이야기꽃을 피운다고 합니다. 학창 시절 가장 기억에 남는 일로 농촌 지원을 꼽는 탈북자들도 있습니다.

외국어라면 영어를 가리킵니다. 남한의 영어 교육이 미국식 영어를 표준으로 하는 반면 북한은 영국식 영어를 표준으로 합니다. 2000년대 들어 캐나다, 영국 등에서 파견된 영어 교사들이 김일성종합대학, 평양외국어대학 등에서 직접 영어를 가르치거나, 각 중학교의 영어 교사 연수도 실시하고 있다고 합니다.

김일성대에는 나노기술연구소가 있다

북한에서 인기 있는 대학, 학생들이 가고 싶어 하는 대학은 어디일까요? 북한 최고의 대학은 우리에게도 잘 알려진 김일성종합대학입니다. 줄여서 그냥 '김대' 또는 '종합대학'이라고도 합니다. 이 대학에 입학하려면 공부도 잘해야 하지만 '토대'라 불리는 출신 성분도 좋아야 한다고 합니다. 졸업하면 주로 노동당이나 행정기관 등 북한 체제의 핵심부에서 일하게 되기 때문입니다.

1946년 창립될 당시에는 7개 학부, 24개 학과에 68명의 교원과 1,500명의 학생에 불과했지만 지금은 7개 단과대학과 42개 학부, 150여 개 연구소 및 연구실, 9개 연구 기관으로 구성된 방대한 규모를 자랑하고 있습니다. 요즘 각광받는 '나노기술연구소'를 비롯한 첨단 과학 연구원도 있습니다.

교원수는 2,500명, 재학생은 1만 2,000명입니다. 캠퍼스에는 전자도서관, 출판사, 전산실, 대학학보사, 체육관, 미술관 등이 있으며, 자체

김일성종합대학.

농장과 목장도 있다는군요. 학생들은 숙소비와 시내 교통비 등을 포함해 장학금을 받으며 공부하고 있습니다. 북한의 최고 엘리트 양성 기관이라는 말이 무색하지 않게 북한 정부가 각별히 배려하고 있는 셈이죠. 서울에 있는 주한 중국 대사관의 상당수 직원이 김일성종합대학 출신입니다. 2001년부터 2005년 8월까지 주한 중국 대사를 지낸 중국 외교관 리빈도 김일성종합대학 출신입니다.

과학 분야 최고 대학은 김책공업종합대학과 리과대학입니다. 이곳은 출신 성분은 나빠도 성적이 뛰어나면 입학할 수 있다고 합니다. 졸업생들은 과학 관련 연구소나 대규모 공장, 대학 등에서 일합니다. 최근에는 외국어대학들이 인기가 높다고 합니다. 졸업한 뒤에 외국과의 무역이나 문화 교류, 외교 관계 일을 하면서 외화벌이를 하거나 외국에서 생활할 기회가 많기 때문입니다. 평양외국어대학이 있고, 각 도에도 외국어대학이 있습니다. 의학대학이나 사범대학, 교원대학도 우리처럼 인기가 있습니다. 요즘은 외국 방문객들이 늘어나면서 관광 안내원을 육성하는 관광대학도 인기라고 합니다.

북한 대학 입시에는 예비시험과 본시험이 있습니다. 예비시험은 남한의 수능과 비슷한 것으로 1980년에 시작되었습니다. 그 전에는 추천으로 대학 입학 지원자가 결정됐는데, 점차 학과 성적을 중시하면서 예비시험을 보게 됐다는군요. 시험 과목은 김일성혁명역사, 김정일혁명역사, 국어, 수학, 영어, 화학, 물리 등 6개 과목입니다. 수험생은 예비시험을 통과해야 대학별 고사를 볼 수 있습니다.

우리의 입시와 결정적으로 다른 것은 국가가 학생들의 예비시험 성적과 희망 대학을 고려해 시험을 볼 대학을 결정한다는 점입니다. 시 인민위원회의 대학생 모집처에서 대학별 고사를 치를 학생 명단을 학교에 보내면, 각 학교에서는 신체검사표, 학생들의 내신성적표, 추천서 등을 준비하는 식입니다. 대학별 고사는 보통 2월에 실시되는데 학과 시험, 체력장, 면접 고사로 이루어져 있습니다. 보통은 학생이 살고 있는 도의 대학에 진학하는 경우가 많지만 공부를 잘해 평양에 있는 대학에 시험을 보러 가려면 여행증을 끊어야 합니다.

재학생들은 대학 시험을 단 한 번만 볼 수 있습니다. 합격하지 못하면 직장에 배치됩니다. 그러므로 북한에는 재수생이 없습니다. 다만,

사람 이름이 붙은 학교, 지명들

북한에는 사람 이름이 붙은 대학이 많습니다. 김책공대, 김형직사범대학, 강건의과대학, 계응상농업대학, 김광철고등중학교 등 헤아릴 수 없을 정도입니다. 김책과 강건은 항일 유격대 출신으로 북한 정권을 세운 인물 중 하나입니다. 계응상은 저명한 농학자입니다. 김광철은 군사훈련 중 수류탄을 몸으로 막아 전우들을 살린 군인이었습니다. 미국에도 건국 영웅이자 초대 대통령인 조지 워싱턴의 이름을 그대로 딴 '조지워싱턴대학'이 있는 걸 보면 대학에 사람 이름을 붙이는 게 북한만의 현상은 아니라고 할 수 있겠죠.

대학 외에 지역명에도 사람 이름이 붙는 경우가 많습니다. 항일운동가나 국가에 큰 공헌을 한 이들의 이름을 그들의 연고 지역에 붙여 공로를 기리는 것입니다. 황해남도 재령군 김제원리, 함경북도 은덕군 안길리 등입니다. 김제원은 토지개혁 직후 스스로 쌀을 국가에 바쳐 애국미 헌납 운동을 일으킨 농민이고, 안길은 김일성과 함께 항일투쟁을 전개했던 인물입니다. 북한 지명에는 우리말 지명도 있습니다. 황해남도 과일군, 황해북도 송림시 꽃핀동, 황해남도 장연군 샘물리 같은 곳들입니다.

물론 가장 많이 등장하는 것은 김일성 주석과 그 가족들입니다. 김일성종합대학, 김일성군사종합대학, 김정일정치군사대학, 양강도 김형직(김일성 아버지)군, 양강도 김정숙(김일성 부인)군, 강반석(김일성 어머니)유자녀대학 등이 있습니다.

직장에 배치된 후에 일정 기간 근무하게 되면 직장의 추천을 받아 대입 시험을 볼 수 있습니다. 군인들도 제대하고 나면 군의 추천을 받아 대학에 입학할 수 있습니다. '제대 군인'들은 대학 입학이 좀 더 유리합니다. 참고로 고급중학교에서 바로 대학에 진학하는 학생들을 '직통생'이라고 한답니다. 그러다 보니 대학에는 세 부류의 학생들이 섞여 있게 됩니다. '직통생'과 제대 군인, 직장을 다니다 온 학생들이 함께 머리를 맞대고 공부한다는군요.

재수생이 없는 북한

북한은 대학 진학률이 매우 낮아, 예전엔 고급중학교 학생들의 5%만 대학에 들어갔다고 합니다. 물론 이 숫자는 '직통생'만을 계산했을 때의 진학률일 것입니다. 대학을 가지 않으면 직장에 배치되는데, 국가에서 학생의 성적과 적성 등을 고려해 직장을 배정해 준다고 합니다.

남자들은 대학을 가지 않을 경우 장애가 있거나 출신 성분이 아주 나쁘지 않은 한 군대에 갑니다. 군사복무를 마치면 사회적으로 인정을 받고 노동당에 입당하는 데도 유리하기 때문에 군대 가는 것에 자부심을 느낀다고 합니다.

군 복무 기간은 얼마 전까지 13년이었지만 10년 남짓으로 줄어들었다는군요. 압록강과 두만강 등 중국과 국경을 마주하고 있는 지역, 우리와 마주하고 있는 비무장지대가 주요 복무 지역이지만 그 외에도 전국 곳곳에 군부대가 있습니다. 군대라면 사회와 격리돼 있을 것 같지만 북한의 군대는 농사일을 돕기도 하고, 건설 공사에도 참여합니다. 가정집에서 수도꼭지가 고장 나면 군부대에 전화로 도움을 요청할 정도로 사회와 연계돼 있습니다.

이렇게 사회와 밀착돼 있는 것은 북한 체제가 오랫동안 전시체제였던 것과 무관하지 않습니다. 군이 나라를 지탱하는 기둥으로 여겨지고 있는 것이죠. 예전에는 군인들이 상당히 신뢰받는 집단이었다고 합니다. 90년대 중반에 함경도에서 탈북한 한 여성을 취재한 적이 있었는데 "어두운 밤길을 걷다가도 저 멀리서 군복을 입은 사람이 보이면 마음을 턱 놓을 정도였다."고 말해 놀랐던 기억이 있습니다. 하지만 식량난이 심각해지면서 군이 주민들에게 민폐를 끼치는 일이 많아졌다고 합니다.

북한 학생들은 고급중학교 때 군사훈련을 하고 사격장에서 사격 연습을 하는 등 미리부터 군인이 될 준비를 합니다. 그런데 우리도 80년대까지는 학교에서 군사훈련을 받았습니다. 여러분의 부모님 세대들은 고등학교와 대학교 때 모두 '교련'이라는 군사훈련 과목을 배웠습니다. 남학생은 얼룩무늬 교련복을 입고 운동장에 모여 고무 모형 총으로 총검술 연습을 했고, 여학생도 군대식 행진과 열병 연습을 하고 부상자를 간호하는 훈련을 받았습니다. 대학생이 되면 비무장지대 부근의 군부대에 1주일간 배치돼 군인들과 똑같이 경계 근무를 서기도 했습니다. 군사훈련과 군에 대한 우대 등 군사 문화는 남북이 한동안 비슷했지만, 우리는 민주주의가 진전되면서 옅어진 것이죠.

한국에는 세계 최강의 미군이 주둔하고 있습니다. 반면 한국전쟁 당시 지원군으로 파병됐던 중국군은 1958년에 철수했습니다. 군사력으로 본다면 북한이 열세에 있는 것이 사실입니다. 북한 사회의 '군사화'에는 이런 배경이 있다는 점도 알아 둘 필요가 있습니다.

제대한 뒤에는 국가의 명령에 따라 직장에 배치되거나, 군대의 추천으로 대학을 들어가 공부를 계속하기도 합니다. 대체로 17세에 고급 중학교를 마친 뒤 군복무를 하고 30세에 제대해 직장에 다니게 되는 것이죠. 그로부터 1~2년 뒤에 결혼을 하면 국가에서 살림집을 배정받아 보금자리를 꾸미게 됩니다. 북한 사람들은 국가에 의해 직장을 배정받기 때문에 어떻게 보면 공무원이나 다름없습니다.

아침 출근길의 학생 밴드

여러분은 '북한판 소녀시대'라 불리는 모란봉악단에 관해 들어 본 적이 있나요? 북한에서는 소녀시대 못지않은 인기를 얻고 있는 여성 밴드입니다. 2012년 첫 공연에서 짧은 치마를 입은 여가수들이 미국 영화 「록키」의 주제곡과 미국 팝송을 연주하고 미키마우스와 백설공주 등 디즈니 만화 캐릭터 인형을 등장시킨 파격적인 무대를 선보여 전 세계의 주목을 받았습니다.

모란봉악단은 10명의 연주자와 9명의 가수로 구성돼 있는데 전자

바이올린과 첼로, 전자기타 연주 실력이 뛰어나고 가수들의 노래 실력도 최상급입니다. 이들이 부르는 노래는 주로 북한 체제와 지도자를 찬양하는 내용들이 대부분이지만, 민요나 그렇지 않은 노래도 들려줍니다. '배우자'나 평창 동계올림픽 때 북한 예술단이 남측에 내려와 부른 '달려가자 미래로'는 미래의 꿈을 위해 열심히 노력하자는 내용의 노래입니다. 그런가 하면 서양의 유명한 클래식 혹은 팝 음악을 연주하기도 합니다.

모란봉악단은 김정은 시대의 '음악 정치'를 가장 잘 보여 주는 사례라 할 수 있습니다. 북한의 음악은 체제를 정당화하고, 주민들을 한데 뭉치게 하는 정치 수단입니다. 그래서 아주 중요하지요. 예를 들면 공장이나 농촌에서 집단 노동을 할 때 반드시 음악이 등장합니다. 모내기나 추수 때는 대형 확성기가 달린 차를 가져와 음악을 크게 틀어 놓습니다. 신나고 빠른 노래들을 들으면 일이 덜 힘들고 신명이 나게 마련입니다. 주요 도시의 아침 출근길에는 학생 밴드가 직장인들을 위해 길거리 공연을 하기도 합니다. '오늘 하루도 신명나게 일하자'는 취지이겠죠.

김정일 시대의 음악이 다소 고루한 느낌이 있다면 젊은 지도자 김정은 국무위원장은 젊은 감각의 세련된 밴드를 만들어 분위기를 확 바꿔 버렸습니다. 노래 가사는 여전히 체제 찬양이 많지만 곡조나 리듬감이 세련되고 경쾌하다는 느낌을 받습니다. 일본, 러시아, 중국에는 북한 음악 애호가들이 꽤 있습니다. 가사를 정확히 알 수는 없지만 곡

①아코디언을 연주하는
학생들(2011년 9월). ②
김일성 주석 생일 기념
거리 공연을 하는 모습
(2014년 4월). ③모란봉
악단의 공연 모습(2015
년 10월).

북한의 개량 민족 악기

2000년 5월 서울 예술의전당 오페라극장에서 열린 평양학생소년예술단의 공연에서 생 김새가 클라리넷과 비슷한 민족 악기 '장새납'이 등장했습니다. 전통악기 태평소를 개 량한 것인데 음량이 크고 표현력이 풍부해 북한의 대표적인 전통 목관악기로 자리 잡았 습니다. 보통 전통악기는 도레미솔라의 5음계이지만 장새납은 12음계를 연주하도록 개량돼 서양 악기와도 협연할 수 있습니다. 한국에서 공연한 삼지연관현악단에도 장새 납이 등장해 바이올린, 첼로 등 서양 악기와 어울려 화음을 냈습니다.

북한은 1950년대 후반부터 전통악기를 개량해 서양 음악 연주가 가능하도록 해 왔 습니다. 관악기는 재료를 대나무에서 박달나무 같은 딱딱한 목재로 바꾸고, 서양의 플 루트처럼 금속키를 달아 반음 연주나 조옮김이 쉽도록 개량했습니다. 특히 피콜로와 유사한 가로피리 '고음저대'는 새소리 같은 독특한 음색을 내는 악기로 주목을 받고 있 습니다. 가야금은 현을 12현에서 21현으로 늘렸고, 옥류금과 어은금 같은 새로운 형태 의 악기도 만들었습니다. 옥류금은 오르간과 가야금을 합쳐 놓은 듯한 독특한 모양의 33줄 현악기로 서양의 하프와 비슷한 음색을 냅니다. 어은금은 만돌린 모양의 4줄 현악 기입니다. 옥류금과 장새납은 우리 음악계에서도 받아들여져 연주자들이 나오고 있습 니다.

조가 좋고 무대 매너도 흥미를 끄는 점이 있기 때문인 듯합니다. 러시아, 중국은 북한과 음악적 정서가 닮은 데가 있기 때문에 그럴 수도 있습니다. 일본인들 중에는 북한의 음악이 80~90년대 일본 가요의 곡조와 닮았거나 애니메이션 주제가 풍이라고 평가하는 이들도 있습니다. K팝에 빗대 북한 가요를 'NK팝'이라고 부르기도 합니다. 모란봉악단에 이어 창단된 청봉악단도 대중들의 사랑을 많이 받고 있습니다. 군소속 악단들이 군은 물론 일반 주민들을 상대로 공연을 펼치기도 합니다.

북한에서는 공장과 기업소(기업) 내에서 노동자들이 음악 동아리를 만들어 활동합니다. 평소 일을 하다가 행사가 있을 때 공연을 하는데 그중 실력이 뛰어난 사람들은 전문 예술단으로 진출하는 경우도 있습니다. 가수 최삼숙은 공장 노동자로 일하다 발탁돼 44년간 2,800여 곡을 부른 '인민배우'가 됐습니다. 인민배우라고 하면 북한 정부가 공인한 '국민가수'라는 뜻입니다.

한국에도 출간된 북한 소설 백남룡의 『벗』을 보면 주인공 순희가 마찰프레스 기능공에서 출발해 선반공이 되고, 결혼 후에는 공장 예술소조원이 됐다가 실력을 인정받아 도 예술단의 가수가 됩니다. 재미 동포 신은미의 책을 보면 평양음악대학 오케스트라 단원 비순 주자는 원래 광부였다가 발탁됐다고 합니다. 북한의 음악예술인 중에서는 우리에게도 알려진 노래 '휘파람'을 부른 가수 전혜영, 세계적인 소프라노 서은향, 모란봉악단의 류진아 등이 주민들에게 인기가 많다고 합니다.

북한의 '길거리 음식'

2018년 4월 27일 판문점 남측 지역에서 열린 남북정상회담에서 평양냉면이 화제에 올랐습니다. 문재인 대통령을 만난 김정은 위원장이 "어렵사리 평양에서부터 냉면을 갖고 왔습니다."라면서 "멀리서 왔는데, 아, 멀다고 말하면 안 되겠구나."라고 농담을 던지는 장면을 TV에서 본 적이 있을 겁니다. 정상회담이 열리던 날 서울 을밀대, 필동면옥 등 평양냉면 전문점들은 오전부터 손님들이 인산인해를 이루기도 했습니다. 4월 평양에서 공연한 남측 예술단원들이 평양의 대표 음식점 옥류관에서 평양냉면을 먹는 장면도 화제가 됐습니다. 평양냉면이 대체 얼마나 맛있길래 그럴까요?

북한의 음식들은 한마디로 말해 심심하고 담백하다고 할 수 있습니다. 조미료와 양념을 조금만 써서 재료의 맛을 살리기 때문에 그렇다고들 하는데요. 우리 음식이 맵고 달고 짜다면 북한은 조금 덜 맵고, 싱겁지만 깊은 맛이 느껴진다고 합니다.

옥류관의 평양냉면은 면발이 검은 편인데 메밀을 껍질째 갈기 때문에 그렇다고 합니다. 면 위에는 무김치, 육편, 오이, 삶은 계란 등이 올려져 있습니다. 육수는 쇠고기, 닭고기, 돼지고기, 꿩고기를 섞어 우려냅니다. 여기에 동치미를 약간 섞는데 어떤 비율로 섞는지는 아무에게도 가르쳐 주지 않는 비법이라고 합니다. 냉면을 먹을 때 식초는 육수가 아니라 면에 치고, 겨자는 육수에 넣는 게 좋다고 합니다. 그래야

솜사탕

①옥류관 평양냉면. ②
평양 시내의 간이매점
(2017년 1월). ③김밥,
꼬치, 조개탕 등을 파는
평양의 매점들(2014년
9월).

면발이 부드럽게 풀린다는군요. 옥류관 냉면이 가장 유명하지만, 청류관이나 고려호텔 1층 식당 냉면이 더 낫다는 이들도 있습니다.

따뜻한 장국밥인 온반도 유명합니다. 평양온반은 흰 쌀밥에 닭고기 육수를 부어 닭고기와 녹두지짐을 고명으로 얹습니다. 굽이 달린 놋쟁반 하나에 사람 여럿이 둘러앉아 먹는 어복쟁반도 평안도의 유명 향토 음식입니다. 소 머릿고기 등을 얇게 썬 편육과 버섯, 달걀, 쑥, 죽순 등을 넣고 육수로 끓여 냅니다.

명태식혜나 가자미식혜도 유명합니다. 명태나 가자미에 무, 좁쌀밥, 양념 등을 넣어 발효한 것인데 새콤하면서도 단맛이 어울려 입맛을 개운하게 해 주는 반찬입니다. 식혜는 생선이 풍부한 함경남도에서 만들어져 북한에 널리 퍼졌고, 2000년 남북정상회담을 전후해 우리에게도 알려졌습니다.

북한에도 떡볶이나 어묵 같은 길거리 음식이 있을까요? 물론 있습니다. 장마당이나 역 앞 등 사람들의 왕래가 많은 곳에는 간편하게 먹을 수 있는 음식이 판매된다고 합니다. 그중에 대표적인 게 밥만두입니다. 만두피 안에 김치볶음밥이나 버섯볶음밥 등을 넣어 살짝 튀겨낸 음식입니다. 한 끼 식사로도 손색이 없다고 합니다. 두부밥도 꽤 유명한데 얇게 기름에 튀긴 두부를 반으로 갈라 그 안에 밥을 넣은 것입니다. 생김새는 유부초밥과 비슷하지만 더 담백하고 고소한 맛이 난다고 합니다. 두부밥은 1990년대 중반 북한의 식량난이 심각했을 무렵에 생겨난 음식이라고 합니다. 식량난으로 배급이 끊기자 장마당으로 불리는 시장이 활성화되면서 간단히 만들어 먹을 수 있는 북한식 패스트 푸드가 등장했는데 두부밥이 그 대표 음식이라고 하는군요. 콩기름을 짠 뒤 남은 찌꺼기를 만두피처럼 만든 뒤 그 안에 밥을 채워 넣은 '인조고기밥'도 있습니다. 요즘에는 오징어순대를 돈가스처럼 튀겨 먹기도 한다네요. 가끔은 해변에서 '조개 휘발유 구이'를 해 먹는 이들도 있습니다. 말 그대로 조개들을 잔뜩 쌓아 놓고 휘발유를 끼얹고 불을 질러 조개 속이 익을 때까지 태워서 먹는 것인데, 의외로 기름 냄새도 나지 않고 맛있다는군요.

여가 생활도 집단적으로

북한 주민들은 어떻게 여가를 보낼까요? 북한은 집단주의 사회이기 때문에 개인 활동이 우리처럼 많지는 않은 편이지만 그 나름대로 여가 생활이 있습니다. 시간 여유가 있으면 영화나 음악 감상, 공원이나 유원지 나들이, 윷놀이, 주패(카드)놀이 등을 즐깁니다. 그런데 영화 감상이나 체육 활동은 공장·기업소·협동농장 등 단체로 이뤄지는 경우가 많습니다. 직장이나 인민반(일정한 세대수를 묶은 조직으로 우리의 통반과 비슷합니다) 등에서 명절날 단체로 야유회를 가거나 백두산, 평양이나 혁명 전적지를 방문하기도 합니다.

직장인들은 연간 12일(일요일 포함 14일)의 정기 휴가를 받는데 이때 산이나 바다로 놀러 가기도 합니다. 해마다 7월 말~9월 중순까지

일요일에 함경남도 마전, 강원도 원산, 남포시 와우도, 황해남도 과일군 진강포 등 유명 해수욕장을 연결하는 당일치기 특별 피서열차와 버스가 운행됩니다. 또 직장별로 모범 노동자로 선정된 사람들이 '휴양증'을 받아 국영 휴양소나 기업소 직영 휴양소를 이용하기도 합니다. 특히 광산 등 힘든 곳에서 일하는 노동자들은 가족 휴양소에 갈 수 있는 특전이 주어지기도 한답니다.

김정은 시대에 들어서는 평양 등 도시 지역에 문화·편의 시설들이 속속 들어서면서 여가 생활도 크게 바뀌고 있다고 합니다. 놀 거리, 즐길 거리가 크게 늘어났기 때문이죠. 평양에서는 2012년 대성산 유원지, 문수물놀이장 시설 개선 공사가 진행됐고, 능라인민유원지, 평양민속공원, 만경대유희장이 생겼습니다. 인민야외빙상장, 롤러스케이트장, 통일거리운동센터 등 주민 체육 시설과 대규모 편의 시설도 속속 생겨나고 있습니다. 북한의 최근 영상들을 보면 인라인스케이트를 탄 아이들의 모습을 자주 볼 수 있습니다.

능라인민유원지는 평양의 대동강에 있는 섬 능라도에 만들어진 시설입니다. 곱등어관, 물놀이장, 유희장 등이 있는데 곱등어관에서는 조련사의 지시에 따라 곱등어(돌고래)가 각종 묘기를 펼치는 쇼를 벌입니다. 유희장에는 4D 영화관인 '입체율동영화관'도 최근 생겼습니다. 개선청년공원은 우리의 서울랜드와 비슷한 놀이공원입니다. 야간 개장도 하는데 급강하탑(자이로드롭), 배그네(바이킹), 청룡열차 같은 놀이 기구들을 갖추고 있습니다.

①개선청년공원에서 여가를 즐기는 사람들 (2012년 8월). ②평양의 문수물놀이장(2013년 10월). ③인라인스케이트를 타는 모습(2017년 4월).

'종합봉사시설'이라고 부르는 '복합몰'도 속속 등장했습니다. 평양시 동대원구역에 위치한 '해당화관'은 지하 1층, 지상 6층의 건물에 식당가, 상점, 연회장, 목욕탕, 수영장, 찜질방, 체력 단련실, 당구장, 미용실, 커피숍 등을 갖추고 있습니다. 이런 종합봉사시설은 도시 정비 사업으로 아파트 같은 주거 시설을 새로 지으면서 함께 생겨나고 있다고 합니다. 직장인들이 퇴근길에 가볍게 맥주 한잔을 하며 하루의 피로를 푸는 '경흥 맥주관' 같은 시설들도 있습니다. '가스맥주'를 파는 맥줏집도 등장하고 있는데 가스맥주는 생맥주를 가리킵니다.

북한에서는 국경일 등에 집단적으로 광장에서 모여 춤을 추는 행사가 있습니다. 조직 단위로 참가하기 때문에 여가 생활이라고 보기는 어렵습니다. 그런데 최근에는 야외에 집단으로 모여 자발적으로 춤추며 노는 '춤판 문화'가 확산되고 있다고 합니다. 나이 든 아저씨, 아주머니들이 음악을 크게 틀어 놓고 조선 춤이나 디스코 혹은 '막춤'을 춥니다. 태양광 충전기와 앰프(증폭기)가 보급되면서 나타나는 현상이라고 합니다. 가무를 즐기는 건 남이나 북이나 매한가지인가 봅니다.

'출신 성분'과 인권 문제

북한 사회가 여러 가지 문제를 안고 있는 것은 사실입니다. 북한은 전 주민을 핵심 계층, 동요 계층, 적대 계층 등 세 계층으로 나눠 관리합니다. 이를 '출신 성분'이라고 합니다. 일제강점기와 해방, 한국전쟁 당시 어떤 계층에서 무슨 일을 했는지가 기준인데, 핵심 계층은 일제강점기에 저항운동을 했던 항일빨치산(게릴라) 가족을 비롯해 한국전쟁 참전 군인 가족, 노동자, 농민 등입니다. 동요 계층은 중소상인, 수공업자, 월남자 가족, 민족자본가, 중국과 일본 귀환민 등이 포함됩니다. 적대 계층은 대지주, 자본가, 친일파, 부역자 등입니다.

한마디로 북한 정권을 수립하는 데 핵심 역할을 했던 사람들과 기층 계급이 핵심 계층이 되는 것입니다. 항일 투쟁을 한 세력들과 한국전쟁에서 싸우다 전사한 가족들을 우대하는 것은 북한 정권으로서는 당연한 것일 수 있습니다. 또 사회주의 국가를 표방하고 있는 만큼 노동자·농민 출신을 존중하고 있는 것입니다. 이들 핵심 계층은 노동당 당원이 되기 쉽고, 평양에서 거주할 권리가 주어집니다. 반면, 적대 계층은 대학 진학도 쉽지 않고, 일부는 군대에도 갈 수 없다고 합니다. '카스트 제도'가 있는 인도처럼 날 때부터 출신 성분에 따라 차별을 받는 것이니, 보편적 인권의 기준에서 본다면 '반인권 국가'라는 비판을 받는 게 당연합니다.

특히 적대 계층 중 일부는 정치범 수용소에 갇혀 있다는 점도 문제입니다. 지금도 8만~12만 명가량이 정치범 수용소에서 생활하고 있는 것으로 추정됩니다. 최고 지도자를 비판하다 적발되면 평생 수용소에 갇혀 살아야 하는 것으로 알려지고 있습니다. 간혹 '특사' 형태로 풀려나는 사람들도 있지만 그 수는 제한적입니다. 옛 소련과 중국에서도 이런 수용소가 운영돼 왔습니다.

북한의 두 얼굴, 통제 사회이자 '공동체'

"난 심심하면 옆집에 나가 놀곤 했다. 우리 집에 있는 시간보다 옆집에서 보내는 시간이 더 많았다. 옆집에는 내가 좋아하는 언니들이 세 명이나 있었기 때문이다. 옆집 큰어머니는 몸집이 크고 따뜻한 분이었는데 나를 아주 예뻐해 주셨다. 옆집과 우리 집은 맛있는 음식이 있으면 항상 나눠 먹었고, 좋은 것이 하나 생겨도 서로 나눴다. 우리 집에 밥이 없을 때면 옆집에 나가 아무렇지도 않게 밥을 먹었다. 우리는 넉넉하지 않았지만 나누는 것에 인색하지 않았다."

'또향'이라는 닉네임의 20대 탈북 여성이 동영상 사이트에 올린 영상 다큐멘터리 「우리 옆집엔 누가 살까」의 한 대목입니다. 서울에 정착한 함경도 출신 여성이 고향에 관한 기억을 담담한 말투로 회상한 것인데 보면서 가슴이 먹먹해졌습니다.

북한 사회에서는 모든 주민들이 통제와 감시 속에 살아간다고 우리는 배웠습니다. 학생들은 소년단에 가입해야 하고, 좀 더 크면 청년동맹, 직장에 다니면 직업총동맹에, 전업주부는 여성동맹에 소속됩니다. 동네에서도 15~20가구 단위로 조직된 인민반에 소속됩니다. 조직에서는 주기적으로 '총화'라는 결산 모임을 갖고 스스로를 반성하고 상대방을 비판해야 합니다.

하지만 어떤 사물이든 양면성을 갖듯이 조직이 개인을 감시·통제하거나 처벌하는 역할만 하지는 않습니다. 개인의 적성과 능력을 잘 관찰하고 평가해 기회를 주기도 합니다. 그래서 광산 노동자가 음악에 재능을 보일 경우 해당 조직의 추천으로 오케스트라 단원이나 가수가 되기도 합니다. 북한은 좀처럼 이사를 다니지 않고 한곳에 오래 거주합니다. 그러다 보니 마을 사람들이 '누구 집 숟가락이 몇 개인지'까지 알 정도로 이웃의 형편이나 가족 사정을 훤히 꿰뚫고 있습니다. 어려운 일이 있거나 힘을 합쳐야 할 일은 인민반장(우리로 치면 통반장)이 주도해 서로 도와줍니다. 다른 집 아이들도 자기 자식처럼 보살핍니다. 주민 통제 조직이지만 때로는 '공동체'가 되기도 하는 것입니다.

탈북자들 중 상당수는 "한국인들은 '칼바람'이 날 정도로 냉정하다."고 말합니다. 이웃에 누가 사는지도 모르고 경쟁에 치이며 각박하게 살아야 하는 한국 사회에 적응하기 힘들어합니다. 2001년에 한국에 들어온 30대 탈북 남성도 "북한 사람들은 잔정이 많고 끈끈했는데 한국 사람들은 인간미가 없다."고 합니다.

그런데 한국에서도 30년 전만 하더라도 이런 풍경이 있었습니다. 몇 년 전 방영된 드라마 「응답하라 1988」에는 이웃사촌의 정이 두터운 서울의 한 동네가 등장합니다. 하지만 지금은 어떤가요? 경제적으로 윤택해지긴 했지만 살벌한 경쟁 사회가 되면서 사람들 간의 관계는 냉랭해져 가고 있습니다.

산업화가 되고 경제가 발전하면 어느 나라나 이렇게 각박해지는 걸까요? 저는 꼭 그렇지는 않다고 생각합니다. 일본만 해도 우리와 조금은 다릅니다. 동네에는 '초나이카이(町內會)'라는 마을 조직이 있어 동네의 크고 작은 일을 상의합니다. 동네마다 매년 '마쓰리'라는 축제를 여는데 이 과정에서 동네 사람들이 자연스레 어울립니다. 서로 얼굴을 알고 친해지다 보면 도움받는 일도 많지만, 규칙에 어긋나는 일을 하면 마을 사람들의 지탄을 받기도 합니다. 동네 사람들 눈치를 보고 사는 셈인데, 동네 전체의 분위기를 위해서는 필요한 일이기도 합니다. 아이들은 이런 어른들을 보며 함께 살아가는 '공동체' 정신을 배워 갑니다.

다시 말해 경제가 발전하고 선진국이 된다고 해서 반드시 사회가 각박해지고, 사람들의 관계가 소원해지는 건 아닙니다. 어떤 경로와 방식으로 경제가 성장하느냐에 따라 달라질 수 있는 겁니다. 경쟁보다 협력을 중시하는 형태로 우리 사회가 발전했더라면 '칼바람'이 부는 분위기는 아니었을지 모릅니다.

북한이 정상 국가로 나아가기 위해서는 이런 문제들이 해결돼야 할 것입니다. 다행히 최근에는 출신 성분을 예전처럼 중시하지는 않는다고 합니다. 국가가 모든 것을 공급하던 시절이라면 몰라도 식량난을 계기로 국가에 대한 의존도가 낮아지고 시장이 커지면서 '출신'보다 '능력'이 더 중시되기 때문입니다. 아주 예전 같으면 적대 계층이나 다름없던 탈북자 가족들도 요즘은 탈북자들이 보내오는 돈으로 경제력이 커지면서 무시당하고 살지 않는다고 합니다. 흥미로운 변화입니다.

북한의 인권 문제를 보려면 중국의 전례를 들여다볼 필요가 있습니다. 중국도 예전에는 인권 탄압 국가로 국제사회의 비판을 받아 왔고, 개혁·개방한 지 30년이 됐지만 인권 문제가 완전히 해결되지는 않았습니다. 예를 들어 반체제 인사 류샤오보는 2010년 노벨평화상을 받았을 때 교도소에 갇혀 있느라 노르웨이에서 열린 수상식에 참석하지 못했습니다. 지금도 중국에서는 소셜 미디어를 하기 쉽지 않습니다. 하지만 중국인 대다수는 큰 불편 없이 살아가고 있는 것도 사실입니다. 북한도 아마 중국과 비슷한 단계를 밟아 갈 것으로 보입니다.

그런데 북한의 인권이나 정치범 문제를 비판하기 앞서 우리에게는 문제가 없는지도 생각해 볼 필요가 있습니다. 한국의 국가보안법은 사상과 표현의 자유를 억압해 왔고 국제사회의 비판을 받아 온 지 오래지만, 개정되지 않고 있습니다. 한국전쟁에서 포로가 된 북한군 출신 김선명은 사상을 바꾸지 않았다는 이유로 무려 45년간 감옥에 갇혀 있었습니다. 남아프리카공화국 지도자 넬슨 만델라의 수감 생활(28년)보다 17년이나 더 깁니다. 사회주의 사상을 지녔다는 이유로 수십 년간 감옥에 갇혀 있고, 더러는 전향을 강요받다가 고문으로 숨진 이들도 적지 않았습니다.

남북의 언어는 얼마나 같고 다를까

김정은 위원장이 4·27 정상회담에서 말하는 걸 들어 보면 의외로 우리와 크게 다르지 않다는 느낌이 듭니다. 특히 공식 석상의 언어는 거의 동일합니다. 남북의 언어 모두 1930년대 만들어진 조선어학회의 표준어와 맞춤법을 기초로 하고 있기 때문입니다. 당시 제정된 한글 맞춤법 통일안이 표준어를 '현재 중류 사회가 쓰는 서울말'로 규정했으니 북한의 표준말인 문화어도 기본적으로는 서울말과 비슷한 것입니다. 서울말과 평양말의 차이는 아마 서울과 영호남의 차이 정도 아닐까요?

1960년대에 만들어진 「사랑방 손님과 어머니」라는 한국 영화를 본 적이 있는데 배우들의 말투나 억양이 북한과 흡사해 놀랐던 기억이 있습니다. 분단된 지 얼마 되지 않던 시기이니 그럴 법도 하다는 생각이 듭니다. 하지만 분단 70년이 넘어서면서 지역에서 많이 쓰는 말이 표준말에 포함되고, 외래어·외국어를 받아들이는 방식에서 차이가 나면서 언어가 많이 달라진 것은 틀림없습니다.

탈북자들이 한국에서 적응하기 어려운 것 중 하나가 외래어·외국어라고 합니다. '한국은 말이 통하는 외국'이라고 할 정도니까요. 로션, 슈퍼, 헤어샵, 리스크, 머그컵, 마트, 컨벤션센터, 아이템⋯⋯. 가만 생각해 보면 여러분도 얼마나 많은 외래어와 외국어를 무심코 쓰고 있는지 깨닫게 될 것입니다. 한 탈북자는 대학에서 '오픈북 시험'이라는 외래어를 알아듣지 못해 시험 범위 교재를 달달 외워 갔다가 다른 학생들이 책을 펴 놓고 시험을 치기에 당황했다고 합니다. '한반도 신뢰 프로세스'처럼 정부의 공식적인 정책에도 영어가 끼어듭니다. 거리 간판을 보면 아예 영어로만 표기된 것들도 적지 않습니다. 외국어·외래어를 섞어 쓰는 게 글로벌 시대의 세련된 교양인인 것처럼 여기는 풍조가 있는 건 아닌지 생각해 보게 됩니다.

북한에선 우리말로 쓸 수 있는 것은 대부분 고쳐서 씁니다. 휴대폰은 손전화, 햄버거는 고기빵, 스킨로션은 살결물, 서비스는 봉사, 골키퍼는 문지기, 노크는 손기척, 트럼프는 주패, 도넛은 가락지빵, 드라이클리닝은 화학세탁이라고 합니다. 민족 자주와 '우리식'을 강조하는 풍토 때문이지요. 외국과의 교류가 제한적이어서 해외 문물의 유입 속도가 느린 만큼 외국어를 고쳐 쓸 시간 여유가 있기 때문이기도 할 것입니다.

물론 북한도 외래어가 없는 것은 아닙니다. 러시아어의 영향이 남아 트랙터를 뜨락또르, 모토사이클을 모토찌클, 그룹을 그루빠로, 중국어의 영향으로 직승기(헬리콥터), 원주필(볼펜)이란 말도 씁니다. 우리도 예전에 썼지만 도시락을 가리켜 일본말인 '벤또'라고 하기도 합니

①로션을 뜻하는 물크림. ②콜라와 비슷한 탄산음료인 탄산단물. ③평양 고려호텔 카페의 광고판.

다. 북한 문화어로는 '곽밥'입니다

나라 이름을 표기하는 데도 차이가 있습니다. 우리는 영어식으로 부르지만, 북한은 그 나라 언어로 발음하는 게 원칙입니다. 러시아는 '로씨야', 폴란드는 '뽈스까', 멕시코는 '메히코', 독일은 '도이췰란드', 스웨덴은 '스웨리예', 불가리아는 '벌가리아', 덴마크는 '단마르크' 같은 식이죠.

우리말이나 한자어 어휘도 다소 다릅니다. 채소는 남새, 녹말은 농마, 달걀은 닭알, 상추는 부루, 아내는 안해, 튀김은 튀기, 돌고래는 곱등어, 화장실은 위생실, 서명은 수표라고 합니다. 발음과 표기 방법에서도 차이가 나는데 대표적인 것이 두음법칙을 적용하지 않는 것이죠. 노동은 로동, 여성은 녀성, 내일은 래일, 열차는 렬차, 낙원은 락원, 이해는 리해로 표기하고 발음합니다. 또 '~었다'를 '였다', '~이/가 되다'는 '~로/으로 되다'로 표기합니다. 사이시옷을 안 쓰기 때문에 깃발은 기발, 핏줄은 피줄로 씁니다.

어휘는 전문 분야에서는 차이가 더 커집니다. 특히 기계나 의학 분야에서는 남북 간 일치율이 더욱 낮다고 합니다. 북한은 러시아의 영향이 크고, 한국은 영어나 일본의 용어를 받아들였기 때문입니다.

언어가 갈수록 달라지는 것은 바람직하지 않겠지요? 그래서 노무현 정부 때인 2005년 남북이 『겨레말큰사전』을 편찬하기로 합의하고 2009년까지 작업을 진행했습니다. 하지만 2010년 천안함 사건 이후 공동 작업이 중단된 상태입니다. 언어학자들은 '말의 통일'을 위해서는 자주 교류하는 게 가장 중요하다고 합니다. 만나야 서로의 차이를 알수 있고, 이해의 폭도 넓어지기 때문입니다.

김일성의 귀국

만주와 소련에서 항일 유격대를 이끌던 김일성은 해방 한 달 뒤인 1945년 9월 19일 원산항을 통해 입국했다. 그는 곧바로 평양으로 가지 않고 각지의 공산주의자들과 만나면서 귀국을 알렸다. 평양에서 공개적으로 모습을 드러낸 것은 10월 14일 평양 공설운동장에서 열린 '김일성 장군 환영 평양시민대회'가 처음이다. 사진은 1946년 2월 8일 북조선임시인민위원회 성립 대회이다.

북한 정부 수립

1948년 8월 15일 남한 단독정부가 수립되자 북한은 보름 뒤인 1948년 9월 2일 조선최고인민회의를 소집해 헌법을 채택하고 북조선인민위원회 위원장 김일성을 초대 수상으로 선출했다. 김일성은 9월 9일에 내각을 구성하고 정부 수립을 선포했다. 이로써 한반도에는 두 개의 분단국가가 세워졌다.

'8월 전원회의' 사건

1956년 8월 30일 조선노동당 중앙위원회 전원회의에서 상업상 윤공흠이 김일성이 독재를 하고 있다고 비판했다가 반당종파로 몰렸다. 이 사건을 계기로 김일성은 남로당·연안·소련계 등 반대파를 대거 숙청하고 권력을 독점하게 된다. 사진은 1961년 조선노동당 제4차 대회에서의 김일성이다.

천리마 운동

1956년 12월 김일성은 사회주의 건설에서 생산성을 획기적으로 높이기 위한 '천리마 운동'을 제창했다. 당과 정부의 간부들이 노동 현장과 농촌에 파견돼 노동자와 농민들을 지도·격려하는 방식으로 전개됐다. 천리마운동으로 북한은 1차 5개년 계획을 성공적으로 달성해 공업화의 토대를 마련했다.

4대 군사노선 채택

남한에서 5·16쿠데타가 일어나고 1962년 쿠바 위기가 발생하면서 위기감을 느낀 북한은 국방 부문을 대대적으로 강화하게 된다. 북한은 1962년 12월 전군의 간부화, 전군의 현대화, 전 인민의 무장화, 전국의 요새화 등 4대 군사노선을 채택한다. 국방비 부담 증가는 북한 경제 쇠퇴의 주요한 원인으로 작용했다. 사진은 김일성이 강선제강소를 현지 지도하는 모습이다.

주체사상의 공표

1967년 12월 열린 최고인민회의에서 김일성은 공화국 10대 정강의 첫째 조항으로 "주체사상을 모든 부문에 훌륭하게 구현할 것"을 공표했다. '사상에서의 주체, 정치에서의 자주, 경제에서의 자립, 국방에서의 자위'를 핵심으로 하는 주체사상은 이후 북한 사회의 지배적 가치와 사상으로 자리 잡았다. 사진은 1978년에 발행된 50원 지폐(부분)이다.

김정일 후계 체제

김정일은 1974년 2월 김일성 주석의 유일한 후계자로 공식 추대됐고, 이후 '당중앙'으로 불리면서 김일성과 함께 북한을 이끌어 갔다. 김정일은 1990년 12월 조선인민군 최고 사령관으로 추대됐고, 1993년 4월에는 '국가주권의 최고 지도 기관'인 국방위원회 위원장에 오르며 모든 권력을 넘겨받았다. 사진은 1980년 조선노동당 중앙회의.

김일성 주석 사망 및 고난의 행군

1994년 7월 8일 반세기 동안 북한을 이끌어 온 김일성 주석이 사망했다. 이후 북한은 1995년과 1996년 대홍수와 1997년의 심각한 가뭄으로 극심한 식량난을 겪는 '고난의 행군' 시기에 들어갔다. 이를 계기로 북한에서 시장경제가 자연스럽게 확대됐다. 사진은 1992년 김일성 80회 생일 기념식이다.

김정은 시대 개막

사회주의권 붕괴 이후 20여 년간 위기의 북한을 이끌어 온 김정일 국방위원장이 2011년 12월 17일 사망했다. 2009년 후계자로 지명된 셋째 아들 김정은이 당과 정부, 군부의 권력을 빠르게 장악하고 '김정은 시대'를 열었다.

경제 건설과 핵무력 병진노선 채택

북한은 2013년 3월 조선노동당 중앙위원회 전원회의에서 경제 건설과 핵무력 건설을 병진시키는 노선을 구체화한다. 재래식 군사비보다 적은 비용으로 국방력을 강화하면서, 경제 건설을 병행해 강성 국가에 도달하자는 것이다. 김정은은 2012년 경제 부문에서 각종 개혁 조치를 도입하는 등 경제 활성화에 힘을 기울이고 있다.

북미정상회담 개최

북한은 국제사회의 제재와 압박 속에서도 핵·미사일 개발에 박차를 가해 2017년 11월 29일 미 본토까지 도달할 수 있는 대륙간탄도미사일 화성-15형을 시험 발사하며 핵무력 완성을 선언했다. 미국도 제재와 압박만으로는 북핵 문제를 푸는 데 한계가 있다고 보고 대화 노선으로 돌아섰다. 2018년 6월 12일 북한과 미국은 역사적인 첫 정상회담을 갖고 새로운 관계 수립에 합의했다.

4부.
김정은 시대의
북한

2011년 12월 17일 김정일 국방위원장이 급성 심근경색으로 사망한 뒤 셋째 아들 김정은이 27세의 나이로 권력을 물려받았습니다. 국제사회 일각에서는 김정은이 나이가 어리고 경험이 부족한 데다 권력 승계 기간이 짧아 오래가지 못할 것으로 예상했습니다. 1년이 채 못 가 정권이 무너지리라는 전망까지 나왔습니다. 박근혜 전 대통령이 2014년 '통일 대박론'을 들고 나온 것도 북한의 붕괴를 염두에 뒀기 때문입니다.

하지만 7년이 지난 지금 그의 권력 기반은 확고해 보입니다. 김정은 국무위원장은 권력을 승계한 뒤 공개 연설에서 "다시는 인민들이 허리띠를 졸라매지 않고 사회주의 부귀영화를 누리게 하겠다."고 약속했습니다. 실제로 김정은 시대에 접어들면서 북한의 경제는 탄력이 붙고 있습니다. 북한을 다녀온 이들은 중국이 개혁·개방에 나섰던 초기 국면보다도 더 활기가 느껴진다고 전합니다.

하지만 우리에게는 핵실험·미사일 개발만 주로 알려지다 보니 북한의 경제와 사회의 변화는 제대로 알려지지 않았습니다. 김정은 시대가 되면서 어떤 변화가 있었을까요?

농업을 개혁하다

북한이 1990년대 중반 이후 극심한 식량난을 겪었던 사실은 들어본 적이 있지요? 당시 굶어 죽은 사람만도 최소 수십만 명으로 추정됩니다. 그로부터 20년이 지난 요즘의 식량 사정은 어떨까요?

이 추세를 알기 위해 눈여겨봐야 할 통계가 있습니다. 서울대 통일평화연구원에서 매년 실시하는 탈북자 면접 조사입니다. 이 연구원이 2016년에 북한을 탈출한 탈북자 132명을 상대로 조사한 결과 '하루에 세끼를 먹었다'고 응답한 사람은 86.4%였습니다. 고기도 '일주일에 한두 번 먹었다'는 사람이 37.1%, '거의 매일 먹었다'는 사람이 17.4%에 달했습니다. 북한을 떠나야 했던 사람들의 절반가량이 최소한 '일주일에 한두 번 이상 고기를 먹었다'는 증언은 북한 주민들이 여전히 굶주리고 있다고 보는 일부의 시각이 잘못된 것임을 보여 줍니다.

이처럼 식량 사정이 나아진 이유는 뭘까요? 농업 분야의 개혁 조치가 어느 정도 먹혀들고 있기 때문이라는 관측이 나옵니다. 김정은 위원장은 권력을 물려받은 지 반년 뒤인 2012년 6월 28일 경제 분야에서 중대한 개혁 방침을 발표합니다. 그중 하나가 협동농장의 개혁입니다. 협동농장의 작업 단위를 '분조'라고 하는데 보통 10~25명이던 것을 4~6명으로 줄여 가족 단위로 농사를 지을 수 있도록 했습니다. 또 예전엔 10t의 쌀을 생산하면 국가에 토지 사용료와 물, 전기, 비료, 농약 대금 등으로 5t을 납부하고 나머지 5t을 농민에게 똑같이 분배했습니다. 하지만 지금은 10t을 생산할 경우 국가에 3t을 내고 나머지 7t 은 분조원들이 실적에 따라 나누게 됩니다. 즉 열심히 일할수록 더 많은 소득을 얻으니 농민들의 의욕도 높아지고 생산성도 그만큼 향상되는 것입니다. 이를 포전담당제라고 합니다.

좀 더 쉽게 설명하면 이런 겁니다. 예전에는 분조원이 25명이라면 실제 일하는 사람은 20명이고, 그 20명이 생산한 것을 25명이 나눴습니다. 열심히 일한 농민이건 게으른 농민이건 똑같이 분배가 됐습니다. 공산주의적 분배 방식입니다. 이렇게 되면 열심히 하려는 의욕이 생길 리가 없으니 생산성이 떨어질 수밖에 없죠. 그런데 분조의 인원을 줄이니 게으름을 피우면 확 눈에 띄겠죠? 자연히 생산성이 높아집니다. 게다가 생산량 중 70%는 농민들이 알아서 처분할 수 있도록 보장했습니다. 시장에 내다 팔아 현금을 거두어들일 수 있게 된 것입니다. 작물도 협동농장 자체적으로 선택할 수 있도록 했습니다. 이에 따라 협동농장들은 쌀·옥수수뿐 아니라 수익성이 높은 특용작물 재배에도 나서고 있습니다. 90%의 면적에 벼를 심는다면 그 나머지 땅에 담배와 과일을 심고 누에를 칩니다. 물고기와 염소, 돼지 등 가축을 기르기도 합니다.

'준비하는 미래'라는 대북 단체가 2014년 북한의 30개 농업 지역을 조사한 결과 대부분 이런 방식으로 개혁이 완료됐다고 합니다. 그 결과 북한의 최근 곡물 생산량은 20~30%가량 늘어난 것으로 파악되고 있습니다. 핵 개발에 대한 유엔과 국제사회의 경제제재 조치에도 불구하고 90% 가까이가 하루 세끼를 꼬박꼬박 먹었다는 탈북자들의

자력갱생만이 살길이다!

①남포시와 개성시 사이 도로변의 장마당 풍경(2015년 10월). ②트랙터가 서 있는 통봉협동농장의 차고(2014년).

증언이 나오는 건 이런 이유 때문일 것입니다. 김정은 시대에는 주식인 곡물 외에 채소와 고기의 생산을 늘리는 일에도 힘을 기울이고 있습니다. 전국 협동농장에 채소 온실을 짓고 과수밭들을 확대하고 있습니다. 또 강원도 북측 대규모 고원 지대에 서울시 면적만 한 대규모 축산 기지를 조성하는가 하면 수산물 증산도 독려하고 있습니다. 즉 곡물 생산량을 늘려 식량 자급을 꾀하는 한편 채소·과일·축산 단지를 조성해 주민들의 영양 개선이라는 두 마리 토끼를 모두 잡으려는 것입니다. 앞서 탈북자들의 절반가량이 일주일에 한두 번 이상 고기를 먹었다는 조사 결과는 이런 노력이 성과를 거두고 있음을 시사합니다.

공장과 기업소가 영리 활동을 시작하다

김정은 위원장은 농업 부문의 개혁과 함께 공장과 기업소에 대한 개혁에도 착수했습니다. 2012년 6월 28일에 발표한 '우리식 새로운 경제관리체계를 확립할 데 대하여'라는 방침이 그 출발점입니다. 공장·기업소 개혁의 핵심은 간단히 말해 '경영의 권한을 현장에 주는 것'입니다. 즉 과거에는 기업이 국가가 제시한 계획만을 수행했지만, 이제는 국가 계획을 수행하면서도 자체 판단에 따라 시장을 위한 생산을 하게된 것입니다. 김정은 위원장은 2년 뒤인 2014년 5월 30일 '5·30 조처'를 발표해 북한의 모든 공장과 기업소, 상점 등에 자율 경영권을 주었습니다. 생산권, 분배권에 이어 무역권까지 공장, 기업소에 주는 획기

남포시에 있는 천리마제철소의 내부(2017년 4월).

적 조치입니다. 이런 방식에 따라 농업과 기업의 생산성이 크게 높아졌고, 노동자들의 임금도 크게 올랐다고 합니다.

구체적으로 설명하면 이렇습니다. 매년 100켤레의 신발을 생산하는 공장이 있다고 합시다. 예전에는 국가가 제시한 목표에 따라 100켤레를 생산해 싼 가격으로 국가에 전부 납품했습니다. 하지만 지금은 150켤레를 생산해서 50켤레만 국가에 납품하고 나머지 100켤레는 시장에 팔아 수익을 얻습니다. 시장에서 파는 가격이 국가에 납품하는 가격보다 비싸기 때문에 기업의 수익도 늘어나고, 노동자들도 과거보다 훨씬 많은 돈을 받게 됩니다. 자기 몫으로 돌아가는 수익이 늘어나니 노동자들은 더 열심히 일하게 되고 생산량도 200켤레로 늘어납니다. 북한 내에서 필요한 신발은 150켤레이니 나머지 50켤레는 중국에 수출합니다.

이처럼 북한 경제 변화의 핵심은 농민, 노동자가 열심히 일할수록 많은 몫을 가져갈 수 있게 한다는 데 있습니다. 그래서 노동 의욕이 높아지면서 생산성도 향상되고 있는 것입니다. 이런 제도의 변화로 북한은 중국의 개혁·개방 초기처럼 생산성이 급격히 올라가고 있습니다. 상품의 질도 좋아지고, 음식점의 서비스도 크게 개선됐다고 북한을 다녀온 이들은 입을 모읍니다. 물품의 생산이 늘어나면서 주민들의 소비 형편도 조금씩 나아지고 있다고 합니다. 서울대 통일평화연구원의 탈북자 조사 결과, 의류를 '계절마다 한두 벌 구입한다'는 응답이 2012년 조사에서는 32.3%였는데 2017년 조사에서는 62.1%로 두 배 가까이 늘어났습니다. 계절마다 한두 벌 옷을 사 입는다면 우리의 소비 생활과 크게 다르지 않을 정도지요?

대형 마트에서 카트로 장을 보는 주민들

북한의 중요한 변화 가운데 하나는 주민들이 필요한 물품을 이제는 시장에서 직접 구입하고 있다는 점입니다. 북한은 식량과 생활용품을 국가가 배급하는 것이 중요한 원칙입니다. 쌀은 물론이고 채소, 고기, 간장, 기름 같은 식품, 옷감 등 주요 생필품은 국가가 제공하거나 국영 상점을 통해 아주 싸게 공급했습니다. 북한은 1970년대 초반까지는 우리보다 잘살았다고 합니다. 하지만 많은 자원을 군사 부문에 투자하다 보니 주민들의 생활이 점차 어려워지기 시작했습니다. 1980년대 후반으로 접어들면 소련과 동유럽 국가들로 구성된 사회주의 국가들이 붕괴하면서 경제가 급격하게 기울었습니다. 서로 돕는 차원에서 원자재나 상품을 싸게 거래하는 사회주의 국가들 간의 관행이 사라졌던 것입니다. 중국이 싼 가격에 북한에 공급하던 석유 값을 급격히 올린 것도 큰 타격이었습니다.

1990년대 중반 들어 김일성 주석의 사망과 자연재해가 겹치면서 북한의 사회·경제 기반이 뿌리째 흔들리기 시작했습니다. 북한 사람들은 이 시기를 '고난의 행군'이라고 부릅니다. 2007년 북한을 방문한 한 정치인이 평양의 호텔에서 TV를 켰더니 식량난 당시를 소재로 한 「자강도 사람들」이란 영화를 방영하더랍니다. 추운 겨울에 나무 밑동을 파헤쳐 '이탄(석탄의 전 단계 물질)'이라는 걸 캐서 옥수수와 섞어 끓여 먹는 장면, 이 작업을 하러 갔던 주민이 동사하는 장면이 나왔다고 합니다. 예전 같으면 이런 참혹한 현실을 감추려 했을 것인데 영화로까지 만들었다는 것은 그 어려운 상황에서 벗어났기 때문일 것입니다.

북한 정부는 1950년대부터 '농민 시장'으로 불리는 간이 시장을 허용했지만 배급 제도를 중시하고 시장은 엄격히 통제해 왔습니다. 하지만 극심한 식량난으로 배급 체계가 무너지고 굶어 죽는 사람들이 속출하면서 시장이 자연 발생적으로 확대됐습니다. 주민들은 '장마당' 혹은 '야시장'으로 불리는 시장을 통해 쌀·옥수수 등 식량과 공산품을 사고팔면서 고난의 시기를 견뎌 냈습니다. 그런 과정에서 주민들은 시장에 절대적으로 의존하게 됐고, 시장의 규모도 확대됐습니다. 북한 전역에 시장이 출현하면서 시장끼리 네트워크가 형성됐습니다. 현재 북한 당국이 공식적으로 인정하고 있는 대형 시장만 전국에 400개 안팎에 이른다고 합니다. 북한의 기업소·공장들도 자체 생산한 상품이나 무역을 통해 들여온 물품들을 시장에 내다 팔아 돈을 벌기 시작했습니다.

"요즘은 기업소마다 스스로 해결해야지 예전처럼 국가가 무조건 다 챙겨 주지 않습니다. 우리 회사도 이익금의 30%를 국가에 내고 나머지로 봉급 주고 농산품 등을 구입해 자체 배급합니다. 그러니 자연히 장마당을 이용할 수밖에 없지요."

재미 동포 신은미가 2011년 북한의 나선시에 있는 시장을 방문했을 때 북측 안내원으로부터 들은 이야기는 보통 회사들도 시장과 긴밀하게 거래하고 있음을 엿보게 합니다.

시장의 형태도 다양해져 우리의 전통시장과 비슷한 종합시장이 있는가 하면 주택가나 골목길에서 단속을 피해 잠깐 동안 열리는 '메뚜기 장사'도 등장했고, 아예 상품들을 직접 들고 다니며 집집마다 다니는 방문 판매도 생겨났습니다. 시장에서 출발한 상품경제는 다양한 서비스업의 등장으로 확산됐습니다. 개인 수리업, 식당, 목욕탕, 숙박업, 배달업 등도 발달했습니다. 최근 평양 시내에는 이탈리아 피자 전문점, 철판요릿집 같은 맛집들도 속속 등장하고 있습니다.

이 과정에서 돈을 크게 벌어들인 '돈주'라는 자본가 계층도 등장합니다. 이들은 마치 은행처럼 돈을 빌려주고 이자를 받는 금융 업무를 하기도 하고, 건설 사업에 직접 투자해 큰 수익을 얻기도 합니다. 시외버스·택시 등 운수업, 도·소매업은 물론 광업·제조업 등에까지 투자 대상을 확대하고 있습니다. 지금은 국영 기업이나 국영 상점들이 돈주의 투자를 받아 사업을 확대하는 것이 일반화돼 있을 정도라고 합니다.

김정은 시대에 들어 평양에는 각 구역(우리의 자치구)별로 이런 대형 마트들이 등장했습니다. 최초의 대형 마트는 2012년 평양 시내에 등장한 '광복지구상업중심'입니다. '중심'은 '센터(center)'를 중국식으로 번역한 것인데 광복지구의 경우 북한과 중국이 합작해 만든 마트여서 이런 이름이 붙었다고 합니다.

이곳에는 1층에 쌀을 비롯한 식품과 컴퓨터 등 전자 제품을 파는 매장, 2층에는 의류와 가구, 귀중품을 파는 매장이 있습니다. 3층에는 식당과 카페, 어린이 놀이장이 있습니다. 쇼핑하는 방법은 우리나라 대형 마트와 똑같습니다. 진열돼 있는 상품을 골라 카트에 담은 뒤 계산대에서 물건 값을 치르는 거죠. 일본 언론이 2017년 취재한 영상을 보면 북한산 제품들이 전체 상품의 70%가량 된다고 합니다. 개장 초기에는 중국산을 비롯한 외국 상품이 많았지만 빠르게 '국산화'되고 있다고 합니다. 1층 로비에는 평양에서 최근 붐이 일고 있는 전동자전거도 진열돼 있는데 이 역시 북한산의 비중이 늘어나고 있다고 합니다. 고기류만을 전문적으로 판매하는 매장도 생기고 있습니다. 평양 보통

①평양 광복거리에 세워진 광복지구상업중심 건물. ②광복지구상업중심에서 장을 보는 사람들(2014년 12월). ③휴대폰으로 온라인 쇼핑 사이트 사용법을 시연하는 모습(2015년 4월).

문거리에 등장한 보통문고기상점은 1층에 생선, 2층에는 육류를 판매하고 3층에는 불고기식당을 운영하고 있습니다.

김정은 위원장의 부친인 김정일 국방위원장은 상업 활동이 지나치게 확대될 경우 계획경제를 근간으로 하는 체제를 위협할 수 있다고 보고 시장을 통제하려 했지만 오히려 주민들의 반발을 사면서 실패했습니다. 이를 지켜본 김정은 위원장은 국가가 현대적인 대형 마트와 전문 상점을 대거 건설해 민간 시장을 자연스럽게 축소하는 방향으로 정책을 바꿉니다. 국가가 지은 대형 마트에서 물건을 더 싸게 많이 공급함으로써 민간 시장으로 향하던 주민들의 발길을 돌리도록 하는 것입니다. 이런 정책으로 주민들이 갖고 있던 외화가 정부로 흘러 들어가면 국가 재정이 더 튼튼해질 수 있습니다(북한에서는 북한 화폐 대신 달러나 위안화 등이 주로 거래됩니다. 북한 화폐에 대한 신뢰가 낮기 때문입니다). 게다가 물가 안정의 효과도 기대할 수 있게 되는 것이죠. 이것이 북한에 현대식 대형 마트 건설에 힘을 기울이는 진짜 이유입니다.

최근에는 온라인 쇼핑몰도 등장했습니다. '손전화전자상점'이라는 휴대폰 앱을 통해 모바일 쇼핑을 할 수 있습니다. 이 앱으로 물건을 사거나 음식점을 검색할 수도 있습니다. 음식점의 경우 가기 전에 미리 주문도 할 수 있고, 배달이 가능한 음식점도 검색할 수 있다고 합니다.

에너지 절약형 아파트 '평해튼'

최근 평양의 영상을 보면 고층 아파트들이 들어선 거리가 자주 등장합니다. 건설 붐이 일면서 낡은 아파트들을 철거하고 새로운 아파트와 상업 단지를 짓고 있는 것입니다. 대표적인 곳이 여명거리와 미래과학자거리입니다. 미국 언론들은 이곳을 가리켜 '평해튼'이라고 부르기도 합니다. 마천루들이 즐비한 미국 뉴욕의 맨해튼과 닮았다는 뜻입니다.

2017년 4월 완공돼 주민이 입주한 여명거리 아파트들은 대체로 60평 규모에 방이 4개, 거실과 부엌이 딸린 대형 아파트입니다. 높이도 최고 82층(237m)에 달합니다. 당연히 상류층이 입주할 것이라 생각하기 쉽지만 실제론 다릅니다. 김일성종합대학 교수들과 원래 이곳에 살던 주민들이 입주했습니다. 김일성대 교원들이 입주하게 된 것은 여명거리가 김일성대의 기숙사가 있던 자리이기 때문입니다. 원래 이곳에 살던 주민들은 방 두 칸짜리 살림집에 살다가 대형 아파트에 입주하는 행운을 얻었습니다. 북한은 모든 부동산이 국가 소유이기 때문에 재개발·재건축을 할 경우 원주민에게 입주권이 주어지게 됩니다. 한국의 경우 재개발·재건축을 하면 아파트의 가격이 올라가기 때문에 원주민이 입주하지 못하고 떠나는 일이 많습니다. 미래과학자거리에는 북한의 과학기술자들이 주로 입주했습니다.

서방 언론들이 북한의 당 대회 취재를 갔다가 이 마천루 일대를 보고 특권층이 생활하는 공간이라고 보도한 바 있습니다.

> 그들은 '자라'나 '에이치앤엠'과 같은 외국 패션 브랜드를 입었고, 몸을 아름답게 가꾸기 위해 운동을 했으며, 카푸치노 커피를 마신다. 몇몇은 쌍꺼풀 수술을 했다.
>
> － 「워싱턴포스트」 기사(2016. 5. 14.) 중에서

북한에서 시장경제가 활발해지면서 빈부 격차가 커지는 것은 어찌 보면 불가피한 일입니다. 북한에서도 최근 들어 주택 입주권이 암암리에 거래되고 있으니 원주민들로부터 입주권을 사들인 부유층들이 여명거리에 거주하고 있을 가능성도 있어 보입니다.

여명거리 아파트들을 보면 눈이 아찔할 정도로 높습니다. 북한은 전기 사정이 안 좋다는데 정전이라도 되면 꼭대기 층 사람들은 어떻게 할까 하는 의문이 들 정도입니다. 그런데 여명거리의 아파트는 태양광과 지열 에너지로 전력과 난방을 공급합니다. 가로등과 아파트 벽마다 태양광 패널이 부착돼 전기를 자체적으로 생산해 쓰고 지하수를 펌프로 돌려 냉난방에 씁니다. 물 부족에 대비해 빗물 회수 시설도 갖추고 있습니다. 아파트와 상가 시설 등 곳곳에 잔디를 깔고 수만 그루의 나무를 심었고 건물 옥상에도 녹지를 조성했고요. 건물 옥상에는 온실이 설치돼 오이 등 채소를 재배할 수 있습니다. 여명거리는 한마디로 북한의 과학기술을 총동원한 미래형 녹색 도시라고 할 수 있겠습니다.

"한국 잘사는 건 다 알죠"

한국에는 3만 명 가까운 탈북자들이 있습니다. 1990년대 중반 무렵 시작된 식량난 때 많은 이들이 탈북했습니다. 처음엔 식량을 구해올 생각으로 두만강과 압록강을 건너 중국에 갔다가 한국에 오게 된 이들이 많습니다. 처음에는 강을 건너 중국으로 가는 것이 큰 범죄는 아니었지만 점차 목숨을 건 탈출이 되면서 탈북자들은 자연스럽게 보호를 받을 수 있는 한국행을 택하게 되었다고 합니다. 여전히 중국에 남아 있는 체류자들까지 포함하면 북한을 떠나 있는 주민들은 수십만 명에 달한다고 합니다. 함경북도나 양강도 같은 국경 지방에는 탈북자들이 한 집 건너 한 명씩 있다고 할 정도로 많습니다. 그러다 보니 북한 당국도 탈북을 대체로 묵인하고 가족들도 처벌하지 않는다고 합니다.

한국에 정착한 탈북자들은 돈을 벌어 북한에 있는 가족들에게 보냅니다. 브로커로 불리는 중개인을 통해 보내는데 1인당 연간 1,000~4,000달러가량 된다고 합니다. 전체로 보면 매년 100억~120억 원가량이 북한에 흘러 들어가는 것입니다. 돈을 보낸 뒤에는 제대로 갔는지 확인하기 위해 북한의 가족들과 전화 통화도 합니다. 이런 과정에서 북한 주민들은 자연스럽게 바깥소식을 접하게 됩니다. 이런 소문들은 TV 방송보다 더 빨리 확산되게 마련인데요. 그래서 이제는 한국이 북한보다 잘산다는 사실을 모르는 주민들이 없다고 합니다.

북한 주민들이 한국을 알게 되는 또 하나의 경로가 있습니다. 바로 '한국 드라마'입니다. 경제난 이후 중국과의 무역이 늘어나는 과정에서 한국 영상물이 북한 사회로 들어가게 됩니다. 처음에는 CD에 담겨 들어오던 것이 점차 USB 또는 마이크로 SD칩의 형태로 바뀌었고, 노트텔로 불리는 재생 기기나 휴대폰을 통해 본다고 합니다. 휴대전화에 SD칩을 꽂고 저장된 한국 노래를 들으며 농촌 지원을 하는 학생들이 있을 정도라고 합니다. TV를 통해 CD로 한국 영상물을 볼 경우 밖에서 전원을 차단하고 단속을 하면 꼼짝없이 걸리는 경우가 많았다고 합니다. 하지만 USB나 SD칩으로 유통된 이후에는 상당히 안전해졌다고 합니다. 2009년에 탈북한 20대 여성은 북한에서 드라마를 접하고 한국에 대한 동경이 커지면서 탈북하게 됐다고 합니다. 「첫사랑」, 「천국의 계단」, 「파리의 연인」, 「가을 동화」 같은 드라마는 안 본 사람이 없을 정도이고, 태진아, 송대관, 주현미, 심수봉 같은 가수들도 인기라고 합니다.

이 두 가지 경로를 통해 북한 주민들은 한국 사회가 북한 당국의 선전과 달리 부유한 나라가 됐다는 걸 알게 됩니다. 그런데 북한 주민들이 바깥 사정에 어느 정도 익숙해진 것이 북한의 개혁·개방에 오히려 좋은 환경이 됐다고 보는 평가도 있습니다. 이미 시장경제가 상당히 진전되고 있기도 하지만, 북한 정부가 경제개발에 더 힘을 기울이도록 하는 자극제가 되기도 하는 것이지요. 한국 드라마를 보며 '저렇게도 살 수 있구나'를 깨달은 북한 주민들의 높아진 욕구에 부응하려면 김정은 위원장과 북한 지도층이 더 열심히 노력할 수밖에 없게 된 셈이죠.

청소년의 장래 희망 1위는 과학자

평양에는 2013년 9월 과학자와 기술자들을 위한 신도시가 조성됐습니다. 이름도 '은하과학자 거리'입니다. 21개 동의 아파트와 학교, 병원, 탁아소, 유치원 등 각종 편의 시설이 들어섰습니다. 한 달 뒤에는 김일성종합대학 교수들을 위한 고층 아파트 두 동이 완공됐습니다. 김정은 위원장은 집집마다 42인치 최신형 액정 TV를 선물할 만큼 과학자와 기술자, 자연과학 교수들의 생활과 연구 환경 개선에 힘을 기울이고 있습니다. 최선의 연구 성과를 낼 수 있도록 좋은 생활 여건을 보장해 주는 것입니다. 우리식으로 표현하면 '이공계 중시 정책'이라고 할 수 있겠죠.

북한은 요즘 '최첨단' '지식경제강국' 같은 구호들을 많이 내세우면서 정보기술·나노기술·생물공학 등 핵심 부문의 기술공학 발전에 힘쓰고 있습니다. 생산 현장에서 바로 적용할 수 있도록 과학기술과 산업을 연계하는 데도 열심입니다. 최신 과학기술에 기초한 경제의 현대화가 경제 강국이 갖춰야 할 징표라고 강조합니다. 북한은 김일성 주석 때부터 과학자 우대 정책을 펴면서 과학기술 육성에 힘을 기울였습니다. 한국전쟁이 한창이던 1951년에 우리의 카이스트 격인 국가과학원을 설립할 정도였습니다. 1990년대 중반 '고난의 행군' 시기에는 제대로 된 투자가 이뤄지지 못했지만 점차 경제가 회복되면서 과학기술 정책에 힘을 더 넣고 있는 것입니다.

①과학기술전당. ②미래과학자거리에 지어진 고층 아파트들(2015년 10월). ③제10회 평양 국제박람회에 전시된 북한제 태블릿(2014년).

최근 들어 북한 전역에서 과학기술 관련 행사들이 눈에 띄게 늘어났고, 북한 청소년들 사이에서 과학자가 인기 직업으로 떠오르고 있습니다. 평양에 과학관, 도서관, 과학기술 자료실, 컨벤션센터, 호텔 등이 한꺼번에 들어가 있는 '과학기술전당'이 2016년에 세워지기도 했습니다.

북한의 과학기술 수준은 어느 정도일까요? 로켓 발사 기술이나 핵융합, 레이저 기술, 컴퓨터 수치제어(CNC), 공작기계 기술은 세계적 수준으로 평가됩니다. 컴퓨터와 소프트웨어 분야에서도 기술력을 인정받고 있습니다. 북한이 1997년 개발한 컴퓨터 바둑 프로그램 '은별'은 2003년부터 2006년까지 4년 연속 세계 컴퓨터 바둑대회를 석권했습니다. 이세돌 9단과의 대결에서 승리했던 '알파고'의 선배격인 셈이죠. 최근에는 음성과 문자 인식, 다국어 번역 등에 인공신경망 기술을 적용하고 있다는 소식도 있습니다. 나노기술 분야에도 힘을 기울여 국가나노기술국이 창설됐으며 해마다 기술 전시회가 열린다고 합니다.

북한 과학기술의 가장 중요한 특징은 '현장성'이라고 합니다. 생산 현장을 중심으로 연구 활동이 진행되고 생산 현장의 형편에 연구 활동이 긴밀하게 부응하는 것입니다. 사업장에 어떤 복잡한 문제가 생기면 과학자, 기술자들이 현지에 머물며 문제를 해결하곤 합니다. 그만큼 과학기술과 산업 간의 연계성이 크다는 뜻입니다.

과학기술자들 중에서는 새로운 이론과 기술을 만들어 내는 수준 높은 사람들도 있고, 이를 현장에 적용하면서 생산과정에서 생기는 문제를 해결하는 '중하위 수준'의 과학자도 있습니다. 북한은 '중하위 수준' 과학자들을 중시합니다. 소수의 고급 과학자에 의한 획기적인 발명보다 보통 노동자들의 기술 수준이 전반적으로 향상되는 것이 기술혁명이라고 보는 것입니다. 이런 취지에 따라 일하면서 배울 수 있는 공장대학을 많이 만들었습니다.

또 다른 특성은 '자력갱생'입니다. 북한은 오랜 기간 국제사회의 제재를 받았기 때문에 부족한 물자를 해외에서 수입할 수 없었습니다. 이런 제약 조건에 맞도록 기술을 개발해 해외 의존을 줄이는 것이 자력갱생입니다. 예를 들면 중유를 아끼기 위해 화력발전소에서 '무중유 착화법'을 개발했습니다. 기름을 쓰지 않고 불을 붙여 발전소의 터빈을 돌리는 기술입니다. 합성섬유 '비날론'도 빼놓을 수 없습니다. 비날론은 일제강점기인 1939년 리승기 박사가 교토제국대학 재직시 발명한 것입니다. 석유에서 추출한 나일론과 달리 비날론은 석탄과 석회석을 원료로 합니다. 리승기 박사는 한국전쟁 때 제자들을 이끌고 월북해 북한 과학기술을 이끌어 갑니다. 석유가 나지 않는 대신 석탄과 석회석이 풍부한 북한에서 비날론은 대량생산돼 주민들의 옷감으로 쓰였습니다.

북한은 얼마 전까지 핵실험을 하고 미국을 겨냥한 대륙간탄도미사일을 개발해 전 세계를 긴장시켰습니다. 한국과 국제사회는 북한의 위협에만 주목했지만, 이 분야의 과학기술이 세계적 수준에 와 있음을 보여 주는 것이기도 합니다. 미사일 기술을 평화적으로 이용하면 로켓

어마어마한 북한의 지하자원

북한은 광물자원이 어마어마하게 많은 나라입니다. 금 매장량이 세계 7위, 철광석 세계 10위, 아연 세계 5위, 중석 세계 4위입니다. 몰리브덴 같은 희귀 금속과 흑연·동·마그네사이트 등은 세계 10위권으로 추정됩니다. 광물자원공사는 북한에 매장된 주요 광물자원의 가치가 약 4,170조 원가량일 것으로 추정합니다. 이는 한국 광물자원의 15배에 달합니다.

　북한에는 광물 외에도 막대한 원유가 매장돼 있다는 주장도 있습니다. 현대그룹 정주영 명예회장은 1998년 11월 "평양이 기름 위에 떠 있다."며 "북한 기름을 들여오기 위한 파이프라인 가설 작업을 곧 시작하겠다."고도 했습니다. 2015년 9월 영국 지질학자 마이크 레고는 석유 전문지 『지오엑스프로』에서 북한의 석유 매장 사실을 밝혔습니다. 영국 석유 개발 회사 아미넥스에서 근무하던 2004년부터 2012년까지 북한 현지에서 직접 자신이 탐사한 결과를 밝힌 것입니다.

　한국은 세계 5위권 광물자원 수입국입니다. 특히 철, 아연, 마그네사이트, 흑연, 희토류 등 주요 산업의 재료로 사용하는 광물은 거의 전량을 해외 수입에 의존하고 있습니다. 북한은 그간 광물자원을 중국에 헐값으로 수출해 왔습니다. 남북 경제협력이 본격화되면 멀리 해외로 갈 것 없이 북한에서 들여오면 서로 이익이 됩니다.

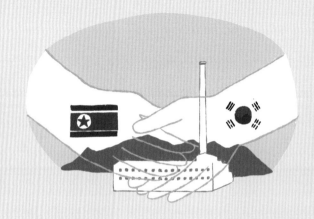

으로 우주 공간에 인공위성을 쏘아 올리는 데 쓰일 수 있습니다. 바닷속 잠수함에서 미사일을 쏘아 올리는 기술은 세계적으로 5개국만이 갖고 있는 고도의 기술이라고 합니다.

북한이 국제사회의 제재 속에서도 최근 몇 년간 높은 경제성장을 달성한 것은 과학기술의 발전이 생산방식을 바꾸어 생산력을 높이고 있기 때문으로 평가됩니다. 한 북한 전문가는 북한이 경제제재만 해결된다면 매년 15%의 급격한 경제성장을 할 것으로 예상합니다. 북한의 과학기술을 무시해선 큰코다칠 수 있다는 게 과학계의 평가입니다.

북한판 교육개혁 – 컴퓨터·영어·과학 교육 강화

앞에서 잠깐 소개했듯이 김정은 시대 들어 북한은 의무교육 기간을 11년에서 12년으로 늘렸습니다. 즉 유치원 높은 반(만 5세), 소학교, 초급·고급 중학교까지가 의무교육 기간이 되는 셈입니다. 6년제이던 중학교를 초급중학교(중학교)와 고급중학교(고등학교)로 나눈 것은 육체적·정신적으로 빠르게 성장하는 십대 청소년의 교육을 세분화해 맞춤형 교육을 하기 위한 것으로 보입니다.

의무교육 기간을 늘린 것은 영어와 컴퓨터 등의 필수 학습량이 증가했기 때문입니다. 특히 소학교(초등학교)에서 영어, 컴퓨터 교육이 강화됐습니다. 이전까지 외국어는 영어와 러시아어 등에서 선택하도록 돼 있었지만 새 교육과정에서는 영어만 배우는 것으로 바뀌었습니

새로운 교육과정에 따라 2014년부터 쓰기 시작한 북한의 새 교과서.

다. 기술 관련 과목이 새롭게 바뀐 것도 특징입니다. 이전의 '콤퓨터' 과목이 컴퓨터의 활용과 기초 프로그래밍에 초점을 맞췄다면 '정보기술' 과목은 컴퓨터와 네트워크를 중심으로 한 정보기술 전반을 다루고 있습니다.

구체적으로 보면 북한은 2008년부터 소학교 3학년 때부터 컴퓨터와 영어 과목을 가르쳐 왔는데 이번 교과 개편으로 주 1시간에서 2시간으로 수업량이 늘어났습니다. 고급중학교에서는 영어의 수업량이 국어보다 더 많아졌습니다. 정보기술과 자연, 체육 같은 과목은 매주 몇 시간씩이 아니라 '1년에 1주일'간 집중적으로 수업하는 방식도 도입됐습니다.

수학과 과학은 초급중학교의 경우 매주 1~2시간, 고급중학교는

2~5시간을 한국 학생들보다 더 많이 배웁니다. 고급중학교에서는 문이과 구별 없이 물리·화학·생물을 매주 2~5시간씩 배우고 있습니다. 영역 공통의 기초 지식과 창의성을 강조하는 흐름인데, 이는 김정은 시대에 과학기술이 강조되고 있는 것과 맥을 같이합니다. 또 소학교에서 사회와 과학을 '자연'으로 통합하고 중학교에서도 물리·생물·화학을 '자연과학'으로 통합하는 통합 과목이 등장한 것도 특징입니다.

　북한 교과 교육을 남한과 비교하면 시간은 많지만, 배울 내용은 적고, 배운 내용은 철저히 평가해 효율성을 높이는 특징이 있다고 교육 전문가들은 분석합니다. 수업 시간은 북한이 더 많지만 교과 내용을 상세하고 반복적으로 제시하는 특성이 있다는군요.

　요약하면 김정은 시대 교육 개편의 특징은 영어와 컴퓨터 교육 강화를 통해 세계화·정보화 추세에 부응하면서 과학기술 교육을 강화하는 것이라고 할 수 있습니다. 북한 교육에서는 김일성 일가 우상화 수업의 비중이 높다고 알려져 있지만 사실과 다르다고 합니다. 2018년 7월 열린 통일 교육 간담회에서 북한에서 교사로 일하다 2009년 한국에 온 박금주 교육사는 "북한 학교 1시간 수업 가운데 절반 이상을 김일성 일가 우상화 교육에 할애하는 것으로 남한에서 알고 있는 데 놀랐다."며 "정치 교육은 1~3분 정도고 나머지는 본 수업"이라고 했습니다. 북한도 교과 진도와 학습 목표가 있고, 수학·과학 영재들이 많은데 맨날 세뇌 교육, 정치 교육만 하면 그런 영재들이 나올 수 있겠느냐는 것이죠.(「한겨레」 2018년 7월 24일자 보도)

북한 패션을 주도하는 퍼스트레이디

'김정은의 아내 패션 센스, 중국 인민들 사이에서 히트'. 2018년 3월28일 홍콩 일간신문 「사우스차이나모닝포스트」에 실린 기사의 제목입니다. 이 신문은 "(김정은 위원장의 아내) 리설주 여사가 베이징에 있던 이틀간 최소한 3가지 의상을 입고 공식석상에 모습을 드러냈다."며 많은 중국 네티즌들이 리설주의 패션 감각에 찬사를 보내고 있다고 보도했습니다.

리설주 여사는 4월 27일 남북정상회담이 열린 판문점에도 나타나 만찬에 참석했습니다. 화사한 분홍색 투피스 차림에 검정색 핸드백을 든 리설주 여사가 문재인 대통령 내외와 담소를 나누는 모습을 여러분도 본 적이 있을 겁니다.

그런데 리설주 여사의 패션만 화려한 것이 아닙니다. 최근에 평양을 다녀온 사람들이 유튜브에 올린 영상들을 보면 평양 시민들의 옷차림과 헤어 스타일이 몇 년 새 확 달라졌음을 느낄 수 있습니다. 의상은 물론 핸드백과 구두 등 모두 세련되어, 가슴에 달린 배지만 아니면 서울 사람들과 구별이 되지 않을 정도입니다. 화려한 양산을 받쳐 들고 선글라스를 낀 채 거리를 걷는 여성들, 팔찌와 목걸이를 한 여성들도 흔해졌다고 합니다. 일각에서는 평양의 일부 부유층들일 뿐이라고 지적합니다. 그런데 재미 동포 신은미의 여행기를 보면 칠보산 해변에서 우연히 만난 청진의 단체 관광객들 중에서도 귀고리를 하고 선글라스를 낀 세련된 여성들이 있었다고 하니 꼭 그런 것만은 아닌 듯합니다.

김정은 시대 들어 북한 여성들이 패션과 스타일에 본격적으로 눈을 뜨기 시작했다는 평가가 나옵니다. 이를 젊은 퍼스트레이디가 주도한다는 말도 나옵니다. 리설주 여사가 공개 활동을 시작한 것은 2012년 7월 25일 평양 능라인민유원지 준공식부터였습니다. 리설주 여사는 짧은 머리에 녹색 블라우스, 검정 스커트 차림으로 김정은 위원장의 팔짱을 끼며 걷는 파격적인 모습으로 국제사회의 이목을 집중시켰습니다. 이후로도 여러 공식 행사에서 다양한 차림새를 선보이며 북한의 패션 리더로 자리 잡았습니다.

1970년대 말까지만 해도 북한 주민들의 옷차림은 검은색, 흰색이 대부분이었고 조금이라도 화려하거나 색다른 옷차림은 주변의 눈총을 받았습니다. 북한 당국은 전통의상이 과거와 현재 간 연속성을 상징한다며 주요 행사에 여성들이 한복을 입도록 장려해 왔습니다. 남성들은 인민복과 검은색 양복이 주류였습니다. 사회주의에 어울리는 단정하고 소박한 옷이 권장됐던 것입니다.

그러던 패션이 변화하기 시작한 것은 1990년대 중반 '고난의 행군' 이후부터입니다. 국영 상점에서 인민복, 양복, 치마저고리를 공급하던 것이 경제난으로 공급이 부족해지자 중국 등지에서 수입된 의류가 장마당 등을 통해 유통되기 시작한 것입니다. 해외와의 교류가 늘면서 꽃무늬 원피스를 입고, 무릎이 드러나는 짧은 치마를 입기 시작했습니다. 중국을 통해 들어온 한국 영상물을 보며 한국 여성들의 패션을 따라 하는 경향도 나타나고 있다고 합니다.

김정일 국방위원장은 이런 변화를 달가워하지 않았던 것 같습니다. 2002년 고위 간부들과의 담화에서 "민족 옷을 입기 싫어하고 얼럭덜럭한 옷을 입고 다니기 좋아하는 것은 그저 스쳐 지내 보낼 문제가 아닙니다."라고 할 정도였습니다. 하지만 김정은 위원장은 변화된 패션 경향에 호의적인 듯합니다. 인기 여성 그룹 모란봉악단 가수들은 몸에 꽉 끼는 짧은 스커트 차림에 숏커트 머리, 귀걸이와 목걸이, 팔찌를 찬 화려한 모습입니다. 이들 역시 리설주 여사와 함께 북한의 패션을 이끌고 있습니다.

1950년 6월 25일 한국전쟁 발발	북한 인민군에 의한 남침으로, 38선을 둘러싼 소규모 충돌이 전면전으로 확대.
1953년 7월 27일 정전협정 체결	유엔군과 북한·중국군이 3년여에 걸친 한국전쟁의 중단에 합의.
1968년 1월 21일 1·21사태 발생	북한 124부대 소속 군인 31명이 박정희 대통령 제거를 위해 청와대를 습격하려다 미수에 그침.
1972년 7월 4일 7·4 공동성명 발표	한국전쟁 이후 처음으로 이뤄진 남북 당국 간 합의. 자주·평화·민족대단결의 3대 통일 원칙 제정.
1983년 10월 9일 아웅산 묘소 폭발 테러 사건	미얀마를 방문 중이던 전두환 대통령 일행의 암살을 시도한 북한의 폭탄 테러로 정부 인사 등 17명 사망.
1985년 9월 20일~23일 남북 이산가족 고향 방문	서울과 평양을 교차 방문한 65명의 이산가족이 헤어진 가족들과 상봉.
1987년 11월 29일 대한항공 858편 실종 사건	대한항공 여객기가 인도양 상공에서 실종돼 115명이 희생됨. 범인 김현희가 북한 지령으로 비행기를 폭파했다고 밝힘.
1988년 7월 7일 노태우 대통령 7·7 선언 발표	탈냉전 시대를 맞아 대북 정책을 대결에서 화해·협력으로 전환하겠다는 방침 발표.
1991년 12월 13일 남북기본합의서 채택	남북의 평화 체제 구축과 화해·협력 방안을 포괄적으로 담고 있는 '남북관계의 대헌장'.

중공군이 참전한 뒤 피난민들이 대동강을 건너 남쪽으로 가고 있다(1950년 12월 13일).

남북정상 회담을 위해 평양을 방문한 김대중 대통령이 순안 공항에서 김정일 국방위원장과 악수를 나누고 있다(2000년 6월 13일).

1998년 6월 16일 정주영 '소떼 방북'	정주영 현대그룹 명예회장이 소떼 1,001마리를 몰고 판문점을 넘어 북한을 방문.
1998년 11월 18일 금강산 관광 시작	강원도 동해항에서 금강산 관광여객선 '금강호'가 첫 출항. 2008년 7월까지 190만 명이 금강산을 여행.
2000년 6월 13일~15일 제1차 남북정상회담	김대중 대통령이 평양을 방문해 김정일 국방위원장과 정상회담을 갖고 '6·15 남북공동선언'을 채택.
2004년 6월 30일 개성공단 준공	개성공업지구 1차 시범 단지 준공. 2016년 2월 10일까지 124개 기업에서 북한 노동자 5만 명이 근무.
2007년 10월 2~4일 제2차 남북정상회담	노무현 대통령이 육로로 평양을 방문해 김정일 국방위원장과 정상회담을 갖고 '10·4 남북공동선언'을 채택.
2007년 12월 11일 경의선 철도 운행	경의선 철도 남북 연결 구간(개성 봉동~파주 문산) 화물열차 매일 한 차례씩 운행 시작.(2008년 12월 중단)
2010년 3월 26일 천안함 침몰 사건	백령도 해상에서 해군 초계함인 '천안함'이 침몰해 장병 46명이 사망·실종. 정부는 북한의 어뢰 공격에 의한 폭침이라고 발표했으나 북한은 부인.
2016년 2월 10일 개성공단 폐쇄	북한의 핵실험과 미사일 발사에 대응해 박근혜 대통령 지시로 개성공단 가동 무기한 중단.
2018년 4월 27일 제3차 남북정상회담	문재인 대통령과 김정은 위원장이 판문점 평화의집에서 정상회담을 갖고 '판문점 선언' 채택.

북한 개성공단에 입주한 주방기기업체 생산라인에서 북측 근로자들이 일하고 있다(2004년 12월 15일).

반세기 만에 휴전선을 넘은 동해선의 북측 열차(오른쪽)가 고성 제진역에서 남측 열차(왼쪽)와 나란히 서 있다(2007년 5월 17일).

5부.
함께 여는
남북의 미래

유라시아 횡단열차 승차권 Trans-Eurasia Railroad Ticket　No.1004

서울
Seoul
▶
평양
Pyeongyang

13년 6월 3일 13:03
자유석
27,000원

2018년 4월 27일 김정은 국무위원장과 문재인 대통령은 판문점 평화의집에서 남북정상회담을 열고 '판문점 선언'을 채택했습니다. 김정은 위원장은 6월 12일에는 도널드 트럼프 미국 대통령과 사상 처음 북미정상회담을 했습니다. 북중 회담도 이어졌지요. 집권한 지 7년 만에 활발한 대외 행보를 펼치고 있는 김정은 위원장이 한반도의 항구적 평화를 열어 나갈 수 있을지 관심이 높아지고 있습니다. 북한의 미래는 한국의 미래와도 직결되고 나아가 동북아시아의 미래와도 떼어 놓고 생각할 수 없습니다. 남북이 평화롭게 공존하며 함께 밝은 미래를 열어 나가는 것이 한반도에 사는 모든 이의 희망일 것입니다. 이 부에서는 함께 여는 남북의 미래에 대해 생각해 보겠습니다.

전쟁과 대결, 반목과 화해가 되풀이되다

남북은 분단된 지 5년 만에 수백만 명이 죽고 다치는 전쟁을 치러야 했습니다. 3년간의 전쟁을 치른 뒤로도 수십 년간 남북은 갈등과 반목을 거듭해 왔습니다. 한국전쟁은 1950년 6월 25일 북한의 전면 남침으로 시작됐습니다. 하지만 그 이전부터 38선에서는 양측의 교전이 끊이지 않는 '사실상의 전쟁'이 지속돼 왔습니다. 기록에 따르면 1949년 1월부터 10월까지 매일 1.5건 이상의 충돌이 발생했고, 3.7명의 사상자가 발생했습니다. 1949년 5월 4일 벌어진 개성 송악산 전투는 한국군 1,000여 명, 북한군은 137명이 죽거나 다쳤을 정도로 치열했습니다. 이런 충돌이 전면전으로 확대된 것이 한국전쟁입니다.

1953년 7월 27일 정전협정이 체결된 뒤에도 남북 간 충돌은 끊이지 않았습니다. 미국 외교협회의 집계를 보면 1961년부터 2010년까지 한반도에서 1,436회의 군사적 충돌이 발생해 남·북·미군 1,554명이 사망하고 1,161명이 부상한 것으로 나타났습니다.

그러나 1970년대 들어 국제사회에 냉전의 긴장이 완화되면서 1971년 8월 분단 26년 만에 처음으로 남북적십자회담이 열립니다. 남북 당국 간 비공개 접촉과 방문을 통해 1972년 최초의 남북 합의인 7·4 남북공동성명이 발표됐습니다.

1980년대는 남북 간 대화와 교류가 활발하게 진행됐습니다. 1984년 9월 남한에 수해가 발생하자 북한은 쌀 7,200t과 시멘트 10만t, 의약품과 섬유 등 수재민 구호품을 제공하겠다고 제의했고, 이를 우리 정부가 받아들임으로써 대화의 물꼬가 트였습니다. 1984년 11월에 남북경제회담을 시작으로 다양한 회담이 열렸고, 1985년 9월에는 남북 이산가족 고향 방문 및 예술공연단 교환 방문이 성사되기도 했습니다.

1980년대 말 냉전 해체로 사회주의 형제국들이 사라지자 북한은 적극적으로 남한과 접촉합니다. 우리 정부도 노태우 대통령이 '7·7 선

언'을 발표하면서 남북 간 화해 협력 정책을 적극 추진했습니다. 1990
년 9월 최초로 남북 총리를 수석대표로 한 남북고위급회담이 열렸고,
1991년 9월에는 유엔에 남북이 동시 가입했습니다. 1992년 2월에는
'남북기본합의서'와 '한반도비핵화에 관한 공동선언'이 채택됐습니다.
남북기본합의서에는 상대방의 체제를 인정하고 내정 간섭을 하지 않
으며 무력을 사용하지 않는다는 획기적인 내용이 담겨 있습니다. 1994
년 7월에는 남북이 정상회담을 갖기로 합의했지만 김일성 주석의 갑
작스러운 사망으로 성사되지 못했습니다.

　김일성 주석 사망 이후 한동안 소원했던 남북 관계는 1998년 김대
중 대통령이 '햇볕정책'이라는 대북 포용 정책을 추진하면서 다시 활
발해졌습니다. 2000년 6월 평양에서 김대중 대통령과 김정일 국방위
원장이 사상 처음으로 남북정상회담을 개최하고, '6·15 남북공동선언'
을 채택했습니다. 이를 계기로 다양한 대화와 교류가 이어졌고, 한반도
의 군사적 긴장도 누그러졌습니다. 2007년 10월에는 노무현 대통령이
평양을 방문해 김정일 국방위원장과 두 번째 정상회담을 갖고 '남북관
계 발전과 평화번영을 위한 선언(10·4 선언)'을 발표했습니다.

　하지만 이명박·박근혜 대통령 시대에 들어와 남북 관계는 악화됩
니다. 북한은 이 기간 중 핵실험과 미사일 개발에 박차를 가했습니다.
2016년 2월에는 북한의 핵실험에 대응해 박근혜 정부가 개성공단 가
동을 중단하면서 남북 관계는 최악의 상태로 치달았습니다.

　2017년 5월 취임한 문재인 대통령은 북핵 문제 해결 및 항구적 평

화 정착, 지속 가능한 남북 관계 발전, 한반도 신경제공동체 추진이라는 세 가지 정책을 내걸고 북한과의 대화에 나섰습니다. 2018년 4월 27일 판문점 남측 평화의집에서 열린 문재인 대통령과 김정은 위원장의 회담에서 두 정상은 '한반도의 평화와 번영, 통일을 위한 판문점 선언'을 채택하고 한반도에 더 이상 전쟁은 없을 것이며 새로운 평화의 시대가 열렸음을 국내외에 천명했습니다. 이어 9월18~20일에는 두 정상이 평양에서 남북정상회담을 갖고 평양 공동선언을 채택했습니다. 김정은 위원장은 19일 공동선언에 서명한 뒤 전 세계로 생중계된 기자회견에서 "조선반도(한반도)를 핵무기도 핵위협도 없는 평화의 땅으로 만들기 위해 적극 노력해 나가기로 확약했다."고 약속했습니다. 문재인 대통령은 이날 저녁 평양 능라도 경기장에서 15만 명의 평양 시민들을 향해 "김정은 위원장과 나는 한반도에서 전쟁의 공포와 무력 충돌의 위험을 완전히 제거하기 위한 조치들을 구체적으로 합의했습니다. 또한 백두에서 한라까지 아름다운 우리강산을 영구히 핵무기와 핵위협이 없는 평화의 터전으로 만들어 후손들에게 물려주자고 확약했습니다."고 연설했습니다.

남북 화해의 조건은 무엇일까

남북 대화의 역사를 돌이켜 보면 한 가지 중요한 특징을 발견할 수 있습니다. 교류와 협력이 한창 진전되다가도 한국의 대통령이 바뀌거나 정치적 상황이 조금만 나빠지면 하루아침에 예전처럼 대결 상태로 되돌아가곤 한 것입니다. 2000년 남북정상회담 이후 개성공단과 금강산 관광 등 대규모 경제협력이 시작되고 경의선 철도가 연결되기도 했지만 2008년 이명박 정부가 들어선 이후 모두 중단돼 버렸습니다.

남북 관계는 정치·군사적 긴장이 완화되지 않고 서로 간에 신뢰가 쌓이지 못한다면 '가다 서다'를 반복하거나 한순간에 후퇴할 수밖에 없는 것입니다. 군사적 대치 상태에서 만들어진 신뢰가 얼마나 허약한 것인지를 보여 주는 영화가 「공동경비구역 JSA」입니다. 판문점 근무를 하고 있는 남북 군인들이 밤마다 어울리며 우정을 쌓지만 긴박한 상황이 되자 결국 총부리를 겨누며 죽고 죽이는 비극으로 막을 내립니다.

2004년부터 가동되기 시작한 개성공단은 '날마다 작은 통일이 이뤄지는 곳'이었다고 합니다. 개성공단을 짓기 위해 북한은 군부대를 10~15km나 뒤로 물렸고, 군사분계선이 개방됐습니다. 남북의 기업인과 노동자가 만나 세계 최고 수준의 제품을 만들던 개성공단은 안타깝게도 박근혜 당시 대통령의 명령으로 하루아침에 문을 닫아걸어야 했습니다.

1998년 시작된 금강산 관광을 위해 김정일 국방위원장은 동해 장전만에 배치된 해군기지를 철수했습니다. 하지만 이명박 대통령 때 벌어진 우발적인 관광객 피격 사건을 계기로 금강산은 다시 갈 수 없는 곳이 됐습니다.

이런 역사적 경험은 남북이 서로에 대해 믿음을 갖지 못한다면 아무리 회담을 열고 교류를 한다고 해도 근본적인 변화는 일어나지 않는다는 것을 일깨워 줍니다. 믿음을 주기 위해서는 불필요한 트집을 잡거나 신경전을 벌이는 것부터 고쳐야 합니다. 이런 면에서 2018년 재개된 남북 대화에서 북한은 과거와는 조금 달라진 모습을 보였습니다. 한마디로 '쿨(cool)'해진 것입니다. 제가 신문에 쓴 칼럼의 한 대목을 인용해 보겠습니다.

김여정 북한 노동당 제1부부장과 예술단, 응원단의 방한 행적은 북한에 대한 고정관념을 깼다. 트집 잡기, 신경전, 허세가 사라지고 '쿨(cool)'해졌다. 북한 응원단의 응원 도구를 한국 언론이 '김일성 가면'이라고 보도해도, 만경봉호가 기항한 묵호항과 서울 시내에서 반북 시위대가 인공기와 김정은 사진을 불태워도 북한은 그냥 넘어갔다. 김정일 국방위원장의 사진 현수막이 비에 젖은 것을 북한 응원단이 발견하고 울부짖던 2003년 대구 유니버시아드 대회 때와는 천양지차다. 삼지연관현악단은 북한 노래에서 시빗거리가 될 만한 가사는 모두 뺐고, 소녀시대 멤버와 합동 공연을 해 달라는 청와대의 갑작스러운 요청도 수용했다.

－「경향신문」 칼럼 「'쿨'해진 북한」(2018. 2. 15.) 중에서

북한이 이렇게 바뀐 데는 여러 가지 이유가 있겠지만 김정은 시대

7년간 경제 사정이 나아지면서 자신감과 여유가 생겼기 때문이기도 합니다. 과거 북한은 한국으로부터 비료와 식량을 지원을 받아야 할 정도로 경제 사정이 나빴지만 자존심을 지키느라 오히려 허세를 부렸습니다. 툭하면 대화를 중단하거나 고압적인 태도를 보이기 일쑤였죠.

반면 한국에는 여전히 '쿨'하지 못한 사람들이 많습니다. 남북정상회담에서 합의된 '판문점 공동선언'을 국회에서 지지하는 결의안은 자유한국당의 반대로 채택되지 못했습니다. 보수 세력들은 여전히 북한 정권이 무너지기를 바라는 듯합니다. 북을 굴복시켜야만 올바른 남북 관계라고 믿는 이들이 적지 않습니다. 걸핏하면 '친북'이니 '종북'이니 하는 딱지를 붙이고 적대시하며 갈등을 부추기는 이들도 적지 않습니다. 일부 정치가들은 이런 여론을 적극적으로 활용하곤 합니다.

박근혜 전 대통령을 생각해 볼까요? 그는 2002년 야당 국회의원 시절 북한을 방문해 김정일 국방위원장과 만난 적이 있습니다. 북한을 다녀온 뒤에는 남북 화해를 적극적으로 지지했습니다. 하지만 대통령이 되자 정치적 목적을 위해 남북 관계를 희생시키는 일을 마다하지 않았습니다. 박 전 대통령이 개성공단 중단 결정을 한 시점은 20대 국회의원 선거(2016년 4월 13일)를 두 달 앞둔 시점입니다. 북한에 강경한 태도를 보여 보수 세력들의 지지를 확고하게 하려는 속셈이 있었을 것입니다. 선거를 닷새 앞둔 4월 8일에는 중국의 북한 식당에서 일하는 북한 여종업원 12명과 지배인이 한국으로 귀순했다고 발표합니다. 그러나 최근 이 여종업원들은 탈북 의사가 없었던 것으로 밝혀지고 있습니다. 정부가 선거에 영향을 미치기 위해 정보기관을 동원해 데려온 것으로 보입니다. 북한 식당 여종업원 문제는 남북 관계를 정치적으로 악용한 대표적인 사례로 꼽힙니다.

심심하면 터지는 '가짜 뉴스'도 남북 간의 불신을 조장합니다. 「조선일보」는 2013년 8월 29일 '현송월 등 북한 예술단 단원들이 문란한 사생활 탓에 총살당했다'고 보도했지만 현송월 단장은 평창 동계올림픽 때 삼지연관현악단을 이끌고 서울에 나타났습니다. 「조선일보」는 1986년에도 김일성 주석이 총 맞아 피살됐다는 거짓 보도를 하기도 했습니다. 다른 언론들도 그간 북한에 대해 무책임한 보도를 해 온 적이 많았습니다. 잘못된 보도를 하더라도 곧바로 사실 확인이 되지 않는 특성 때문입니다. 이런 보도들은 대부분 북한을 '악마'로 만드는 역할을 해 왔습니다.

잘못된 보도들이 여론과 정책에 큰 영향을 미치기도 합니다. 개성공단에 대해 '북한에게 달러를 제공해 핵 개발을 돕는다'는 근거 없는 보도들이 결국 개성공단 가동을 중단시키는 데 기여했습니다. 이런 보도들은 앞으로도 남북 관계 발전에 걸림돌이 될 가능성이 있습니다.

이런 문제를 해소하기 위해서는 남북이 정치상황과 무관하게 반드시 약속을 지키도록 하는 장치를 만들 필요가 있습니다. 김정은 위원장은 4·27 정상회담 때 "아무리 좋은 합의가 나와도 제대로 이행되지 않으면 기대를 품었던 분들에게 낙심을 줄 것"이라고 했습니다. 문재인 대통령과 아무리 신뢰를 쌓아도 보수 정권으로 바뀌면 남북 관계

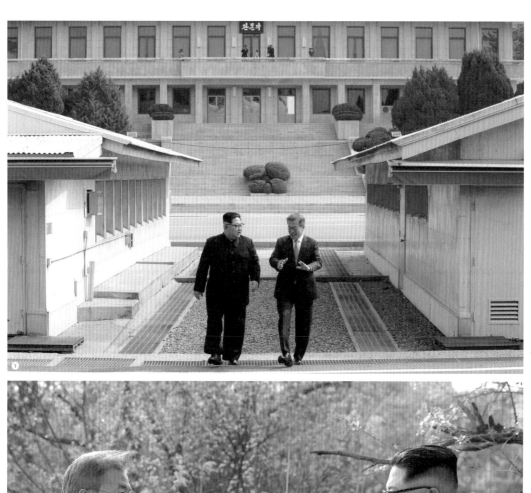

① 문재인 대통령과 김정은 위원장이 이야기를 나누며 걷고 있다(2018년 4월 27일). ②'도보다리 회담'이라 불린 두 정상의 회담 장면.

가 원점으로 되돌아가지 않겠느냐는 우려를 비친 것입니다. 반대로 북한 사회나 정권이 불안해진다면 북한이 약속을 지키지 않는 일도 벌어질 수 있겠죠.

남북 관계가 흔들리지 않도록 하려면 어떻게 해야 할까요? 1991년 체결된 '남북기본합의서'를 비롯해 남북 간에 체결된 여러 합의들을 국회가 비준 동의하는 것이 바람직할 것입니다. 남북기본합의서는 남북이 서로의 체제를 인정·존중하고 상대방의 내부 문제에 간섭하지 않으며 헐뜯지 않는다는 내용을 담고 있습니다. 국민의 대표 기관인 국회가 남북 간의 합의를 뒷받침해야 정권이 바뀌더라도 남북 관계가 안정적으로 발전할 수 있습니다. 서로의 체제를 존중하다 보면 불필요하게 헐뜯는 일이 줄어들고, 다름을 인정하고 받아들이는 분위기가 만들어질 것입니다. '차이를 인정하고 공존하는' 태도는 우리에게는 익숙하지 않기 때문에 상당한 기간이 필요할 것입니다. 이렇게 서로 존중하면서 장기적인 평화 상태를 유지한 채 통일을 위한 준비를 해 나가야 하지 않을까요?

북한과 미국은 사이좋게 지낼 수 있을까

2018년 6월 12일 싱가포르에서 열린 도널드 트럼프 대통령과 김정은 위원장 간의 북미정상회담은 세계적인 주목을 받았습니다. 세계에서 가장 오랜 적대 관계의 두 나라 최고 지도자가 만나는 것 자체가 획기적인 일이었습니다. 두 정상이 합의한 공동성명 또한 역사의 한 획을 긋는 것이었습니다. 회담을 앞두고 세계인의 관심사는 북한이 비핵화, 즉 핵 개발 포기 약속을 얼마나 구체적으로 하느냐에 모아졌습니다. 하지만 공동성명에 담긴 합의 사항 중 첫 번째는 '평화와 번영을 위한 새로운 북미 관계 수립'이었습니다. 한반도 평화체제 구축을 위한 협력, 한반도 비핵화를 위한 노력도 합의 사항이긴 하지만 새로운 북미 관계 수립을 맨 처음으로 내세운 것은 매우 의미심장한 것입니다. 70년 가까운 적대 관계를 끝내자는 합의이기 때문입니다.

북한과 미국 간에는 그간 여러 차례 협상이 열렸고 많은 합의가 이루어지긴 했지만 남북 간의 합의와 마찬가지로 제대로 지켜지지 않았습니다. 가장 큰 문제는 서로가 상대방을 불신했기 때문입니다. 세세하고 복잡한 합의문을 만들었지만 신뢰가 없으니 모래성처럼 금세 무너졌습니다.

예를 들어 1994년 '북미 제네바 합의'가 체결됐지만 그 직후에 북한이 대규모 식량난을 겪으면서 국제사회에는 '북한 붕괴론'이 퍼졌습니다. 그러자 미국은 제때 약속을 지키지 않으며 불신을 키웠고 결국 합의가 파기됐습니다. 2005년에도 북한과 미국 등 6개국이 모여 북한의 핵 포기 및 북미 관계 정상화 합의를 이뤘습니다. 획기적인 내용이었지만 그 직후 미국은 마카오에 있는 은행의 북한 계좌를 동결했습니다. 북한이 달러 지폐를 위조한다는 혐의를 조사하기 위해서라는 명분을 댔습니다. 그러나 관계정상화를 하겠다는 합의문에 서명을 하고 악

싱가포르에서 열린 도널드 트럼프 대통령과 김정은 위원장 간의 북미정상회담(2018년 6월 12일).

수까지 나눈 직후에 이런 일을 벌인 것은 미국이 북한을 믿지 못한다는 의사 표시로 북한은 받아들였습니다. 결국 합의는 지켜지지 않았습니다. 북한도 약속을 지키지 않는 일이 적지 않았지만, 미국의 경우 정권이 바뀌면 이전 정부가 북한과 했던 합의를 뒤집곤 했습니다. 그렇기 때문에 북한으로서는 '과연 상대방이 약속을 지킬 것인가? 정권이 바뀌면 또 뒤집힐 것 아닌가?'라는 불신이 커졌습니다. 반대로 미국도 '북한이 핵을 포기한다고 하지만 완전히 포기하겠는가?'라는 의구심을 갖습니다. '불신의 꼬리 물기'인 셈입니다. 이런 불신이 수십 년간 북한 핵 문제가 해결되지 못하는 가장 큰 원인으로 꼽힙니다.

　반대로 서로 간에 신뢰가 있거나 신뢰를 쌓아 가려는 의지가 있다

북미 적대의 역사 70년

북한과 미국이 서로에 대해 가진 적대감은 상상 이상입니다. 미국은 한국전쟁이 발발한 지 나흘 뒤인 1950년 6월 29일부터 휴전 발효 직전까지 북한 지역에 공습을 계속하며 총 47만 6,000t의 폭탄을 퍼부었습니다. 이는 태평양전쟁 기간인 3년 8개월간 사용된 폭탄량과 맞먹습니다.

휴전회담이 한창 진행되던 1952년 7월 11일에는 1,250대의 미군 폭격기가 평양을 무차별 폭격해 2,000명의 사망자를 냈습니다. 휴전을 불과 1~2개월 앞둔 시점에는 벼 농사 지역을 수몰시키기 위해 저수지들마저 대대적으로 폭격했습니다. 공업 시설이나 발전소는 그렇다 쳐도 전투와 무관한 관개시설, 제방, 저수지 같은 농업 시설까지 파괴한 것은 좀처럼 이해가 가지 않는 일입니다. 전쟁이 끝나자 평양에는 성한 건물이 단 두 채만 있었다고 합니다. 미국이 "조선(북한)은 앞으로 100년이 걸려도 다시 일어서지 못할 것"이라고 장담할 정도로 북한은 철저히 파괴됐고 많은 사람들이 희생됐습니다. 그럼에도 한국전쟁은 미국이 역사상 처음으로 이기지 못한 전쟁으로 기록됩니다. 불과 5년 전에 끝난 제2차 세계대전을 승리로 이끌었던 세계 최강의 군대 미군으로서는 자존심 상하는 일이었습니다.

황해도 신천군에서는 미군과 국군 점령 시기인 1950년 10월 17일부터 12월 7일까지 인구 4분의 1에 해당하는 3만 5,000명이 학살됐습니다. 북한에서는 이 사건을 미군들이 황해도 신천군을 점령하면서 벌인 학살극이라고 주장하고 있습니다. 미군이 했는지 우익 청년들이 벌인 건지는 분명치 않지만 이로 인해 북한의 반미 의식이 높아진 것은 사실입니다.

미국은 부인하고 있지만 한국전쟁 당시 세균전을 벌였다는 의혹도 있습니다. 조지프 니덤을 단장으로 영국과 이탈리아, 프랑스, 옛 소련 과학자들은 1950년대에 합동으로 조사를 벌여 미군이 북한에서 탄저균과 흑사병균 등을 써 세균전을 벌였다는 보고서를 발표했습니다. 미국은 또 한국전쟁 당시 북한과 만주 지역에 원자폭탄을 투하할 계획을 세우기도 했습니다. 휴전 이후에도 미국은 북한에 핵 공격을 할 수 있다는 발언을 되풀이했습니다. 이런 핵 위협이 북한이 핵무기 개발에 나서도록 한 배경이라는 분석도 있습니다.

휴전 이후에도 미국은 북한에 체면을 구기는 일을 많이 당했습니다. 1968년 1월 23일 미 해군 소속 첩보선 푸에블로호가 나포된 것이 대표적입니다. 초정밀 전자 시스템을 갖춘 푸에블로호는 북한과 소련 블라디보스토크의 군사용 통신을 해독하는 등 감시와 첩보 활동을 해 오다가 원산 앞바다에서 잡힌 것입니다. 북한은 이 배가 영해를 침범해 첩보 활동을 했다고 주장한 반면 미국은 공해상에서 북한이 잡은 거라고 맞섰습니다. 미국은 핵 항공모함을 동원하고 무력시위를 벌이는 한편 소련을 통해 북한 정부에 압력을 넣어 승무원이 석방되도록 노력했습니다. 하지만 북한은 물러서지 않았습니다. 결국 325일 만에 함장 푸커 소령이 영해 침범을 확인하는 사과문에 서명한 뒤 승무원 83명이 석방되는 굴욕을 맛봐야 했습니다.

이듬해인 1969년 4월 15일에는 미 해군 전자정찰기 EC-121기가 북한 공군 미그21 전투기에 의해 동해상에서 격추돼 승무원 31명 전원이 사망하는 사건도 벌어졌습니다. 1976년 8월 18일에는 판문점 인근 공동경비구역 내에서 북한군 30여 명이 도끼를 휘둘러 미루나무 가지치기 작업을 감독하던 주한 미군 장교 2명을 살해한 사건도 발생했습니다. 1994년 북한 핵 위기 때 미국은 평안북도 영변에 있는 핵 시설을 폭격할 계획을 세우기도 했습니다. 이처럼 켜켜이 쌓인 적대와 불신이 하루아침에 사라질 리는 없겠지요. 북미 관계가 정상화되려면 상당한 시간과 인내가 필요할 것입니다.

면 구체적이지 않고 방향만 제시한 합의라고 해도 서로가 지킬 가능성이 높아집니다. 물론 싱가포르에서 반나절 만났다고 바로 신뢰가 쌓이지는 않을 것입니다. 정상회담을 준비하는 과정에서 북한과 미국의 관리들이 여러 차례 만나면서 상대방의 의도를 확인하는 작업을 벌여 왔습니다. 이 과정에서 미국은 김정은 위원장의 속마음을 확인했던 것 같습니다. 그 속마음은 북한을 정상 국가로 만들겠다는 의지일 것입니다.

정상 국가가 된다는 것은 국제사회에 폐를 끼치지 않고 어울려 살아간다는 것을 의미합니다. 핵이나 미사일로 세계를 위협하는 것은 정상 국가의 행동이 아닙니다. 정상 국가가 되기 위해서는 세계 최강국인 미국과의 관계를 회복하는 것이 현실적으로 필요합니다. 국제사회에서 영향력이 큰 미국이 북한을 괴롭히기로 마음먹으면 북한은 계속 '왕따 국가' 신세를 면할 수 없기 때문입니다. 북한은 핵무기 개발로 국제사회의 경제제재를 받아 왔습니다. 제재가 풀리지 않으면 북한은 다른 나라와 무역을 하거나 투자를 받을 수 없습니다. 이 제재를 풀려면 핵무기 개발을 포기해야 합니다. 북한은 싱가포르에서 열린 북미정상회담과 그에 앞서 열린 준비 회담에서 이런 의지를 확실히 밝혔습니다.

트럼프 대통령과 김정은 위원장이 마주 앉은 회담장에는 미국 성조기와 북한의 인공기가 나란히 배치돼 있었습니다. 트럼프 대통령은 김정은 위원장을 시종 깍듯하게 예우했습니다. 북한은 미국과의 대화 의향을 밝히면서 "대화 상대로 진지하게 대우해 달라."고 했고 트럼프는 그 약속을 지킨 셈입니다. 정상회담이 이뤄졌다고 해도 북한과 미국이 관계를 당장 정상화할 수는 없습니다. 서로가 신뢰를 쌓아 가는 과정이 필요할 것입니다. 일시적으로 관계가 나빠지거나 냉각됐다가 다시 회복하는 일이 되풀이될 수도 있습니다. 정상회담 이후 예상과 달리 후속 협상이 더딘 것에서도 알 수 있듯, 70년에 걸친 적대 관계를 해소하기는 아무래도 시간이 걸릴 수밖에 없습니다.

북한과 한반도의 비핵화는 이루어질까

북한은 왜 핵 개발에 나섰을까요? 북한의 핵 문제는 북미 간의 오랜 적대 관계와 떼어 놓고 생각할 수 없습니다. 미국은 한국전쟁 이후 북한을 '봉쇄'하는 정책을 취해 왔습니다. 자본주의 진영과 사회주의 진영이 냉전을 벌이던 당시 소련과 중국에 인접해 있는 북한을 봉쇄하면 동아시아에서 사회주의의 팽창을 막을 수 있다고 판단한 것입니다. 북한은 1970년대에 들어 대외 관계 확대를 꾀했지만 미국의 봉쇄 정책 탓에 서방 국가들과의 관계 개선은 쉽지 않았습니다. 1979년 미국이 중국과 수교했고, 1991년 소련이 무너졌는데도 미국은 여전히 대북 적대 정책을 유지했습니다.

1980년대 말부터 시작된 사회주의권의 붕괴는 북한에 심각한 경제적 타격을 입혔습니다. 사회주의 국가들과의 경제협력이 단절되는가 하면 원자재 공급도 사실상 막혀 버렸던 것입니다. 한국이 소련(1990년), 중국(1992년)과 국교를 정상화하자 북한의 고립감은 더 커졌습니다. 초조해진 북한은 미국, 일본과의 관계 개선에 나섭니다.

북한은 1990년 일본과 수교를 위한 교섭에 나서는 한편 1992년 김용순 북한 노동당 국제부장이 미국을 방문해 아놀드 캔터 미 국무차관과 고위급 회담을 갖습니다. 이 자리에서 김용순은 "미군이 한국에 주둔하는 것을 인정한다."는 놀랄 만한 발언을 했습니다. 북한은 예전부터 줄곧 '주한미군 철수'를 요구해 왔습니다. 이 요구를 거둬들인 것은 다소 무리를 해서라도 미국과 좋은 관계를 맺고 싶다는 신호를 보낸 것입니다.

그럼에도 미국이 움직이지 않자 북한은 핵 개발 카드를 들고 나옵니다. 세계 핵 질서를 뒤흔들면 미국이 북한과의 협상 테이블에 앉을 것으로 판단한 것입니다. 평안북도 영변에 지은 핵 시설이 국제사회의 주목을 받게 되면서 북한 핵 개발이 현안으로 떠올랐습니다. 북한은 '핵확산금지조약(NPT)'까지 탈퇴하면서 미국과 국제사회를 상대로 시위를 벌였습니다. 세계 핵 질서가 흔들리는 것을 우려한 미국이 그제야 북한과의 핵 협상에 나섰습니다. 밀고 당기기를 거듭한 끝에 1994년 10월 양국은 스위스 제네바에서 북한의 핵 개발 포기의 대가로 국교를 정상화하기로 합의했습니다. 핵을 지렛대로 미국과의 관계 정상화를 이끌어 내겠다는 북한의 전략이 성공한 셈입니다.

하지만 합의는 처음부터 제대로 이행되지 않았습니다. 제네바 합의에서 미국은 북한이 핵 시설을 가동하지 않는 대가로 경수로형(핵무기로 활용할 가능성이 낮은) 원자력발전소를 북한에 지어 주기로 하고 발전소가 완공되기 전까지는 북한에 매년 원유(중유)를 공급하기로 했습니다. 하지만 미국은 경수로 발전소 공사를 차일피일 미뤘습니다. 앞서 설명한 대로 북한에 심각한 식량난이 발생하자 곧 붕괴할 것으로 예상했기 때문입니다. 상대국이 무너지기를 기다리며 약속을 안 지키는 비신사적 행동을 한 것입니다.

제네바 합의는 처음부터 이렇게 표류하다가 결국 2002년에 파기되고 말았습니다. 북한이 몰래 또 다른 핵 개발, 즉 우라늄 농축을 하고 있다는 의혹을 미국이 제기했던 것입니다. 이 의혹은 과장된 것으로 나중에 드러납니다. 이후에도 여러 차례 북미 간 합의가 있었지만 북한과 미국은 서로를 믿지 않았고, 합의를 지키지 않았습니다.

이런 과정을 돌이켜 보면 북한의 핵 개발이 미국과의 관계 개선 협상을 위한 지렛대로 쓰여 왔음을 알게 됩니다. 김정은 시대에도 이 전략은 그대로입니다. 다만 미국이 오랫동안 협상에 응하지 않으면서 핵 능력이 더 고도화됐다는 점이 다를 뿐입니다. 북미 관계가 풀리지 않는 가장 큰 이유가 서로에 대한 '불신' 때문이라는 점도 확인할 수 있습니다. 그런 점에서 미국과 북한의 최고 지도자가 사상 처음 만난 것은 70년에 걸친 적대와 불신의 고리를 끊는 의미가 있습니다.

북한과 미국이 적대 관계를 청산하고 새로운 관계를 수립하면 북한이 핵을 가질 이유가 있을까요? 보수 성향의 전문가들은 북한이 수십 년에 걸쳐 완성한 핵무기를 결코 포기할 리가 없다고 봅니다. 포기한다고 해도 일부는 숨겨 둘 것이라고 보는 이들도 있습니다. 하지만 저는 김정은 위원장의 결심이 어느 정도 서 있다고 봅니다. 그는 "체제가 보장되면 그 위험한 핵을 안고 살 이유가 없다."고 했다고 합니다. 다만 미국이 트럼프 대통령 이후에도 북한에 계속 호의적일지를 알 수 없다는 불안감을 갖고 있습니다. 오바마 대통령 때 이란이 핵 개발을 동결하는 대가로 제재를 풀어 주는 합의를 했지만, 트럼프 대통령이 이 합의를 깨 버렸습니다. 마찬가지로 북한이 트럼프 대통령의 약속을 믿고 핵을 완전히 포기했는데, 후임 대통령이 약속을 깨고 다시 북한 적대시 정책을 취할 수도 있는 것입니다. 이런 불안감이 해소된다면 북한은 남북정상회담의 판문점 선언, 북미정상회담의 공동성명에 있는 대로 '완전한 비핵화'의 길로 나갈 것입니다. 게다가 핵을 포기하지 않으면 국제사회의 제재를 벗어날 길이 없음을 북한도 잘 알고 있습니다. 요행히 일부 핵무기를 숨겨 둔다고 하더라도 '숨어 있는 핵'은 정치적으로도 별 의미가 없습니다. 핵은 꺼내 들고 위협할 때 가장 위력적인 것입니다.

북한은 어떤 미래를 꿈꿀까

먼저 김정은 위원장이 어떤 인물인지 살펴보겠습니다. 앞으로 상당한 기간 최고 지도자로 있을 것으로 예상되는 만큼 북한을 알려면 그를 잘 알아 둘 필요가 있습니다. 김정은 위원장은 김정일 국방위원장과 만수대예술단 무용수였던 재일 동포 고용희 사이에서 1984년에 태어났습니다. 김 위원장을 어린 시절부터 지켜본 일본인 요리사 후지모토 겐지는 "처음 만났을 때, 이 일곱 살짜리 어린 대장은 마흔 살 먹은 어른인 나를 노려보며 등골에서 식은땀을 흘리게 했다."고 회고했습니다. 또 다른 에피소드를 볼까요? 김정은은 1997년부터 4년간 스위스 베른에서 초등학교와 중학교를 다녔습니다. 사람들은 농구를 좋아하고 음악을 즐기던 평범한 소년으로 기억합니다. 유학 시절 담임교사였던 미헬 리젠은 미국 언론과의 인터뷰에서 "그는 옆집 소년 같았으며 유머 감각이 뛰어났다."고 기억했습니다. 스위스인 동창생 조아로 마카엘로는 "승부욕이 강하고 학교 성적이 좋았다. 수학을 좋아했고, 그림을 정말 잘 그렸다."고 회고했습니다. 체제는 다르지만 스위스 생활을 김정은은 무척 즐겼던 것으로 보입니다.

김정은은 2009년 김정일 국방위원장의 후계자로 낙점됐고, 27세이던 2011년 12월 김정일 국방위원장의 사망으로 북한의 최고 권력 자리에 올랐습니다. 20년간 권력 승계 과정을 거친 아버지와 달리 3년 만에 권력을 계승한 만큼 앞날이 순탄치 않을 것이라는 관측이 많았습니다. 하지만 김정은 위원장은 군대와 당, 국가 주요 직책을 빠르게 승계하며 권력을 확고하게 장악했습니다.

김정은 위원장은 대중과 직접 접촉을 꺼리던 부친과 달리 적극적으로 주민들 속으로 다가갔습니다. 2012년 4월 15일 평양에서 첫 공개 연설을 하면서 "다시는 인민들이 허리띠를 졸라매지 않고 사회주의 부귀영화를 누리게 하겠다."고 약속했습니다. 2017년 1월 1일에는 TV를

김정은 위원장이 북미정상회담을 앞두고 싱가포르 시내를 둘러보고 있다(2018년 6월 11일).

통해 방영된 신년사에서 "언제나 늘 마음뿐이었고 능력이 따라서지 못
하는 안타까움과 자책 속에 지난 한 해를 보냈다."며 주민들에게 사과
하기도 합니다. 북한 체제를 떠받치는 이데올로기 '주체사상'의 핵심은
'수령은 오류가 없으므로 그의 교시에 절대 복종해야 한다'는 것입니
다. 이 점에 비춰 보면 김정은 위원장이 주민들에게 사과한 것은 '금기'
를 깨는 행위입니다.

김정은 위원장은 도널드 트럼프 대통령과의 싱가포르 정상회담에서도 이렇게 말했습니다.

"(우리가 만나는 게) 쉬운 일은 아니었습니다. 우리 발목을 잡는 과오가 있었고 그릇된 관행과 편견이 눈을 가리고 했는데 이 자리까지 왔습니다."

미국이 북한을 적대시해 왔기 때문에 만남이 쉽지 않았다는 뜻도 있겠지만, 미국과의 협상을 반대하는 북한 내 세력을 가리킨 것이라는 해석도 나옵니다. 어느 쪽이건 김정은 위원장은 북한의 미래를 가로막는 그간의 장애물들과 결별하겠다는 뜻을 확고하게 한 셈입니다.

김정은 위원장이 그리는 북한의 미래는 어떤 것일까요? 미국과의 정상회담 장소가 싱가포르였던 것에 주목하는 전문가들이 많습니다. 김정은 위원장이 싱가포르의 명소를 둘러본 뒤 싱가포르 정부 관리에게 "앞으로 여러 분야에서 귀국의 훌륭한 지식과 경험을 많이 배우려고 한다."라며 "싱가포르의 경제적 잠재력과 발전상을 알게 되었고 귀국에 대한 훌륭한 인상을 가지게 된다."라고 했다고 합니다. 싱가포르의 경제 발전 모델에 관심을 두고 있다는 뜻입니다.

싱가포르는 서구식 자유민주주의 체제 대신 권위주의 통치를 하면서도 경제적 번영을 이룬 나라입니다. '잘사는 북한'이라는 별칭이 있을 정도입니다. 영국과 일본의 식민지였다가 1965년 독립한 싱가포르는 '국부'로 불리는 리콴유(1923~2015) 초대 총리가 26년간 장기 집권을 하면서 나라의 기틀을 다졌고, 현재 그의 아들인 리셴룽이 2004

년부터 15년째 총리를 하고 있습니다. 북한 김씨 일가의 세습 체제와 크게 다르지 않습니다. 싱가포르는 또 개인의 자유보다 공익을 우선시 하는 경제·사회체제를 유지하고 있습니다. 대표적인 것이 주택 정책 인데 '모든 시민들이 자기 집을 갖도록' 하기 위해 국가가 공공 주택을 지어 국민에게 공급하고 있습니다. 국민들이 노후에 받는 연금을 주택 계약금으로 돌려쓰게 하고, 나머지 집값은 30년에 걸쳐 갚도록 하는 방식이죠.

개혁·개방 이후 빈부 격차가 심각해진 중국과 달리 빈부 격차를 최소화하는 통제된 시장경제를 운영해 온 싱가포르 체제가 북한에게 는 매력적이었을 것입니다. 세계에서 유례없는 폐쇄형 국가인 북한이 '정상 국가'로 변신하는 과정이 쉽지는 않을 것입니다. 본격적인 시장 경제를 도입할 경우 나라는 부유해질지 모르지만, 주민 간의 빈부 격 차가 심해지고 환경은 오염되는 등의 부작용을 어떻게 최소화할 것인 가도 고민일 것입니다.

김정은 위원장은 '북한을 어떤 나라로 만들 것인가'를 놓고 싱가 포르뿐 아니라 쿠바, 중국, 베트남 등 사회주의 국가들의 사례도 면밀 히 검토할 것으로 보입니다. 요즘 관광지로 인기가 높은 쿠바의 경우 내부 개혁을 하지 않은 채 관광 분야만을 개방해 외화를 벌어들이고 있습니다. 중국은 변경 지역에 경제특구를 만들고, 외국 투자를 받아들 여 발전했습니다.

김정은 위원장의 최근 움직임을 보면 쿠바, 중국형 모델의 장점을 두루 도입하려는 것 같습니다. 우선 예로부터 휴양지로 꼽혀 온 동해안 원산에 국제 관광 지구를 조성하는 일에 박차를 가하고 있습니다. 원산과 금강산을 연계하는 관광 벨트를 설치하려는 구상도 갖고 있다고 합니다. 관광은 '굴뚝 없는 산업'으로 불릴 정도로 부가가치가 높고 일자리도 많이 만들어 내는 산업입니다. 외국 관광객 3명을 유치하면 자동차 1대를 수출하는 것과 맞먹는 외화를 벌어들일 수 있다는 통계가 있을 정도죠.

또 중국처럼 전국 각지에 경제개발 특구를 30곳이나 설치했습니다. 국제사회의 제재가 풀린다면 외자 유치가 활발하게 이뤄지면서 경제의 도약을 뒷받침할 수 있습니다. 태조 이성계가 회군했던 위화도와 황금평 등 압록강에 있는 섬들과 신의주에서도 중국과의 경제협력이 더욱 본격화할 것으로 예상됩니다.

전문가들은 북한 경제의 잠재력을 높게 평가합니다. 개발도상국으로서는 높은 수준의 과학기술력과 우수한 노동력, 풍부한 지하자원이 있기 때문입니다. 국제사회의 경제제재가 해제된다면 연간 10% 이상의 고속 성장을 할 것이라는 예상도 나옵니다. 잔뜩 움츠렸던 개구리가 엄청난 거리를 점프하듯 성장하리라는 것이죠.

남북의 미래는 어떤 모습일까

싱가포르 정상회담을 계기로 북한과 미국의 관계 개선이 이제 차

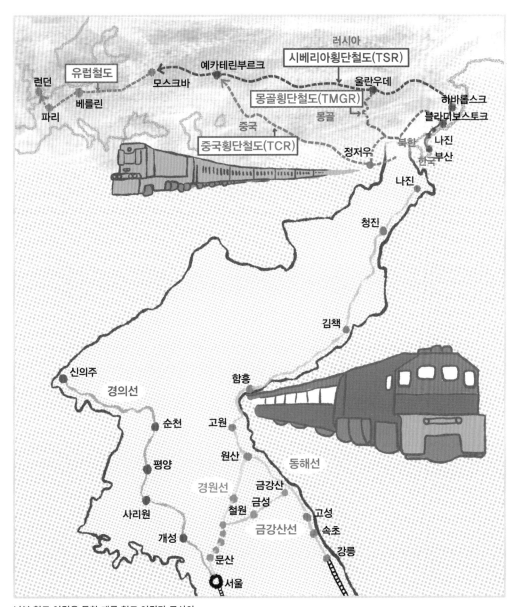

남북 철도 연결을 통한 대륙 철도 연결망 구상안.

근차근 진행될 것으로 예상됩니다. 남북의 미래에 대해 멋진 꿈을 꾸어 볼까요?

북미 협상이 순조롭게 간다면 북한과 미국이 국교를 정상화해 워싱턴과 평양에 대사관을 설치하는 일이 실현될 것입니다. 그에 앞서 한국전쟁에 대한 '종전 선언'도 이뤄지고 정전협정도 평화협정으로 대체될 것입니다. 이렇게 해서 지난 70년간 한반도 평화를 가로막아 왔던 냉전 체제가 마침표를 찍게 됩니다. 북한과 일본이 국교를 정상화하게 되면 일본의 한반도 강점이라는 불행한 역사의 청산 작업도 마무리됩니다.

북한은 국제사회의 경제제재로부터 벗어나 세계 각국과 무역을 자유롭게 할 수 있습니다. 북한에 대한 국제사회의 투자 붐도 일어날 것입니다. 남북 간에도 화해와 협력의 시대가 본격적으로 열릴 것입니다. 우선 경제협력부터 살펴볼까요?

아마 가장 큰 관심은 남북 철도 연결일 것입니다. 경의선과 동해선 두 축을 연결해 남쪽에서 북한을 거쳐 중국과 러시아로 이어지도록 하는 것입니다. 사실 경의선은 약간의 점검과 보완 작업만 한다면 바로 서울에서 평양까지 운행할 수 있습니다. 남북은 2008년 서울 수색역과 북한 지역 봉동역을 왕복하는 열차를 운행한 적이 있습니다. 북한 지역 철도 구간이 낙후됐다고 해도 서울에서 기차로 6시간 정도면 평양에 도착할 수 있습니다. 부산에서 북한을 거쳐 시베리아를 횡단해 유럽으로 가는 구간도 동해안 철도 구간 공사가 마무리되면 연결됩니다.

개성공단은 더 큰 규모로 확대될 것으로 예상됩니다. 2007년 노무현 대통령과 김정일 국방위원장이 합의한 대로 서해평화협력특별지대가 추진된다면 개성공단에서 생산된 제품을 해주를 통해 수출할 수도 있습니다. 해주는 중국에서 가장 가까운 항구라는 장점이 있지만 그동안에는 군사기지로만 이용돼 왔습니다. 개성과 해주, 그리고 국제공항이 있는 인천을 연계해 삼각경제지대로 개발할 수도 있겠습니다. 개성을 경제 중심 도시로 성장시키면서 일종의 '통일 특구'로 발전시키는 구상도 있습니다. 남북 경제협력이 궤도에 오르면 한국은 새로운 성장동력을 확보해 저성장에서 빠져나오는 돌파구를 열 수 있습니다. 남북이 서로 이익을 주고받으며 협력을 심화시키면 함께 번영하는 경제공동체로 나아갈 수 있습니다.

하지만 경제협력으로 소수의 대기업이 더 많은 이득을 챙기고, 다수의 서민과 노동자가 더 힘들어지는 것은 바람직하지 않습니다. 마치 '내부 식민지'인 양 북한의 자원과 노동력을 쥐어짜는 식의 협력이어선 안 될 것입니다. 남북 간 경제협력도 사람과 환경, 공동체에게 이익이 되는 방식으로 이뤄져야 합니다. 어떻게 하면 남북이 함께 좋은 사회로 변화·성숙해 갈 수 있을지는 지금부터 연구해야 할 과제입니다.

정치·군사 분야에서도 힘을 합쳐야 할 일이 많습니다. 우선 비무장지대를 평화 지대로 만들어야 합니다. 1953년 체결된 정전협정에서 남북은 군사분계선(휴전선)에서 남북으로 각각 2km 이내 구역을 비무장지대로 설정해 군대의 주둔이나 무기의 배치, 군사시설의 설치를 금지하기로 약속했습니다. 하지만 남북은 이곳에 진지와 초소, 철책을 세우고 중기관총, 박격포 같은 중화기를 반입해 '중무장지대'가 됐습니다. 비무장지대에는 100만 개가 넘는 지뢰가 깔려 있다고 합니다. 남북은 9월 평양 정상회담 때 채택한 '판문점 군사분야 이행합의서'에 따라 비무장지대의 전방초소(GP) 11곳을 철거했습니다. 남북군인이 무장한 채 서로 노려보고 있던 판문점 공동경비구역에서도 무기를 갖지 못하도록 했고, 남북 구역 구분 없이 자유롭게 오갈 수 있도록 했습니다. 남북이 맞닿아 있는 곳에서 실질적인 평화의 큰 걸음을 떼기 시작한 것입니다. 북한이 서울과 수도권을 향해 집중 배치한 '장사정포'와 우리 군이 북을 겨누기 위해 배치해 놓은 K-9 자주포 등을 뒤로 물리는 것도 필요합니다. 장사정포는 40~60km 떨어진 목표물을 맞힐 수 있는 대포입니다. 남북이 서로 매년 실시하고 있는 군사훈련도 점차 줄여 나가면 남북 간의 군사적 긴장은 한결 완화될 것입니다.

한편으론 사람들이 서로 자유롭게 오가며 상대방을 알고 배워 가는 게 중요합니다. 문화·예술·체육·학술 분야에서 다양한 교류도 펼쳐질 것입니다. 학생들이 백두산이나 평양으로 수학여행을 갈 수도 있겠죠. 서로의 차이를 알아 가며 오해를 줄여 나가는 것이 필요합니다. 평화와 교류·협력 상태가 오래 진행되는 것이 '사실상의 통일' 상태라고 볼 수 있습니다.

이렇게 되면 유럽 국가들처럼 기차나 자동차를 타고 국경을 넘어가 며칠 머무르면서 휴가를 보낼 수 있는 친근한 이웃이 생기게 됩니다. 생각만 해도 멋지지 않나요? 백팩을 메고 경의선 열차를 타고 평양에 가서 그 유명한 옥류관 냉면을 먹고 오는 당일치기 여행을 할 수도 있고, 여름방학 때 가족들과 서늘한 개마고원에서 캠핑을 즐길 날도 온다면 말이지요.

우리의 소원은 통일이 아니다?

2018년 4월 남측 예술단의 평양 공연 막바지에 남북 가수들이 어울려 '우리의 소원은 통일'을 부르자 북한 청중들이 목청을 높여 따라 부르던 장면을 보면서 가슴이 벅차올랐습니다. 1947년에 남쪽에서 만들어진 이 노래는 원래 '우리의 소원은 독립'이었는데 이듬해 교과서에 실리면서 '우리의 소원은 통일'로 바뀌었다고 합니다. 1989년 평양에서 열린 제13차 세계청년학생축전에 참가한 한국의 대학생 임수경이 부르면서 북한에도 널리 알려집니다.

하지만 한국에서는 이 노래가 잘 들리지 않습니다. 통일이 정치적으로 악용됐던 적이 많았고, 독일이 통일 이후 경제적으로 힘들었다는 뉴스들을 접하면서 통일에 대한 생각이 부정적으로 바뀐 것으로 보입니다.

반면 북한 주민들은 여전히 통일을 이야기합니다. 재미 동포 신은

미는 북한에서 만나는 사람들마다 통일 이야기를 빼놓지 않는다고 말합니다. 중국 베이징 공항에서 평양행 비행기를 기다리다 만난 북한 주민도 손을 덥석 잡고 눈시울을 붉히며 "어서 통일을 해 오손도손 함께 살자."고 했다고 소개합니다. '대구에 사는 평양시민' 김련희는 통일을 왜 해야 하느냐는 질문에 "가족이 함께 사는 데 이유가 있어야 하느냐?"고 합니다.

이 대목에서 먼저 생각해 볼 게 있습니다. 통일을 이야기할 때 어떤 형태의 통일을 머릿속에 떠올리는가 하는 것입니다. 통일은 반드시 하나의 정부와 하나의 체제로 이뤄져야 할까요? 그러려면 어느 한쪽의 정부와 체제가 무너져야 합니다. 그래서 힘들고 어려운 것입니다. 그렇다면 다른 방식을 찾아봐야 합니다. 남북은 2000년 첫 남북정상회담에서 그 해답을 찾았습니다. 당시 채택된 6·15 공동선언에는 '남과 북은 나라의 통일을 위한 남측의 연합 제안과 북측의 낮은 단계의 연방제안이 서로 공통성이 있다고 인정하고 이 방향에서 통일을 지향시켜 나가기로 했다'고 돼 있습니다.

여기서 등장하는 남북연합과 낮은 단계의 연방제는 어떤 걸까요? 당시 남측이 제시한 남북연합은 남북 양측이 각기 다른 체제와 정부를 유지하면서 법적인 유대를 갖는 결합체를 가리킵니다. 유럽연합(EU)을 떠올리면 알기 쉽습니다. 독일, 프랑스, 이탈리아 같은 국가들이 외교, 내정에 대한 독자적인 주권을 유지하면서도 유럽연합의 구성원인 것과 마찬가지 형태입니다. 남북 간에는 각자 정부를 유지하면서 남북

정상회의, 남북평의회, 남북사무처 같은 기구를 구성해 미세먼지, 전염병 예방 같은 공동의 과제를 협력해 해결합니다. 이런 방식으로 장기적으로 정치·경제는 물론 사회문화적 통합을 서서히 꾀해 나가자는 것입니다.

북한이 제시하고 있는 '낮은 단계의 연방제'도 크게 다르지 않습니다. 남북이 지금처럼 각기 다른 정부와 체제를 유지하되 그 위에 연방 기구를 두자는 방안입니다. 형태는 다소 달라 보이지만 남북이 각자의 체제와 주권을 유지하면서 공동 협력을 하자는 취지는 기본적으로 같습니다.

통일은 필요하지만 북한의 지금 체제를 인정해서는 안 된다는 의견들도 일부 있습니다. 북한 김정은 정권을 무너뜨리고 '1국가 1체제'로 가자는 것입니다. 그런데 김정은 정권이 붕괴하면 쉽게 통일이 될까요?

북한 정권의 붕괴 이후를 다룬 소설 『우리의 소원은 전쟁』을 쓴 장강명 작가를 인터뷰한 적이 있습니다. 소설은 북한 정권이 붕괴한 뒤 유엔 평화유지군이 북한에 들어가지만 권력의 공백 상태에서 군부 세력과 폭력 집단이 득세하면서 혼란이 멈추지 않는다는 내용을 담았습니다. '북한의 이라크화'입니다. 비록 소설이지만 기자 출신인 장 작가는 고위직에 있었던 탈북자들을 취재해 현실성 높은 시나리오를 제시했습니다.

'한반도의 급변 사태는 재앙'임을 보여 주고 싶었다. 북한이 붕괴된다고 자유민주한반도공화국이 생기고 국내총생산이 올라가고 하는 게 절대 아니다. 뭐가 됐든 외환 위기 몇 배의 충격이 올 것이고, 그 피해는 약자가 고스란히 받게 된다. 갑작스러운 흡수통일이 좋지 않다는 인식에는 대체로들 동의하지만 '북한 붕괴'라면 '긴가 민가' 하는데 '그것도 아니다'라고 말하고 싶었다.

─「경향신문」「서의동의 사람·사이─소설가 장강명」(2017. 2. 11.) 중에서

그렇다면 현실적이고 부담이 적은 선택은 무엇일까요? '사실상의 통일' 상태를 유지하는 것입니다. 남북연합을 구성한 상태에서 경제·사회 공동체를 발전시켜 나가는 방식이 가장 현실적입니다. 자유롭게 왕래하고 경제적으로 힘을 합치는 일이 늘어나면서 서로에 대한 의존도와 신뢰가 커지면 그때 가서 통일을 논의해도 늦지 않습니다.

그 기간이 30년이 걸릴 수도 있고, 50년이 걸릴 수 있습니다. 그래서 어느 북한 전문가는 우리가 외쳐야 할 것은 '통일'이 아니라 '통이(通異, 서로 다른 체제가 소통하는 상태)'라고 하는데 음미해 볼 만한 제안입니다.

더 읽어 볼 책과 자료

· 『0.75평 지상에서 가장 작은 내 방 하나』 김선명 지음, 창 2000
· 『100가지 질문으로 본 북한』 쥘리에트 모리요·도리앙 말로비크 지음, 조동신 옮김, 세종서적 2018
· 『70년의 대화』 김연철 지음, 창비 2018
· 『개성공단 사람들』 김세라·김진향·강승환·이용구 지음, 내일을여는책 2015
· 『과학기술로 북한읽기1』 강호제 지음, 알피사이언스 2016
· 『그 많던 싱아는 누가 다 먹었을까』 박완서 지음, 세계사 2012
· 『김정은체제 왜 붕괴되지 않는가』 리 소테츠 지음, 이동주 옮김, 레드우드 2017
· 『나의 북한문화유산답사기』 상·하, 유홍준 지음, 오디세이닷컴 2001
· 『나의 祖國 나의 마라톤』 손기정 지음, 학마을B&M 2012
· 『벗』 백남룡 지음, 도서출판 아시아 2018
· 『사진과 그림으로 보는 북한현대사』 김성보·기광서·이신철 지음, 역사문제연구소 웅진지식하우스 2014
· 『선을 넘어 생각한다』 박한식·강국진 지음, 부키 2018
· 『수인』 1·2, 황석영 지음, 문학동네 2017
· 『시베리아 시간여행』 박홍수 지음, 후마니타스 2017
· 『연행사의 길을 가다』 서인범 지음, 한길사 2014
· 『옥중 19년』 서승 지음, 진실의힘 2018
· 『와다 하루끼의 북한 현대사』 와다 하루끼 지음, 남기정 옮김, 창비 2014
· 『우리의 소원은 전쟁』 장강명 지음, 예담 2016
· 『재미동포 아줌마, 북한에 가다』 신은미 지음, 네잎크로바 2012
· 『재미동포 아줌마, 또 북한에 가다』 신은미 지음, 네잎크로바 2015
· 『조선자본주의공화국』 다니엘 튜더·제임스 피어슨 지음, 전병근 옮김, 비아북 2017
· 『평양의 시간은 서울의 시간과 함께 흐른다』 진천규 지음, 타커스 2018
· 『평양의 여름휴가』 유미리 지음, 이영화 옮김, 615, 2012
· 『평화의 규칙』 문정인·홍익표·김치관 지음, 바틀비 2018
· 『한국전쟁』 와다 하루키 지음, 서동만 옮김, 창작과비평사 1999
· 『한국전쟁』 정병준 지음, 돌베개 2006
· 『핵과 인간』 정욱식 지음, 서해문집 2018

· 「경향신문」 2018년 2월 15일 칼럼 '경향의 눈' 「쿨해진 북한」
· 「한겨레」 인터넷판 2018년 7월 24일 「북한 학교는 맨날 정치교육? 거기도 교과 진도 다 나가요」

· 「공동경비구역 JSA」 박찬욱 감독, 2000
· 「두만강」 장률 감독, 2011
· 「우리 옆집엔 누가 살까」 또향TV (유튜브) 또향

사진 설명

12쪽 경의선 대동강 가교 시운전 장면(1905년).

30쪽 금강산 구룡폭포.

64쪽 만경대학생소년궁전에서 음악 소조활동을 하는 학생들(2008년 6월).

106쪽 평양초등학원을 방문한 김정은 위원장(2017년 2월).

136쪽 문익환 목사 탄생 100주년을 맞아 마련된 특별 열차의 서울발 평양행 기차표(2018년 6월).

사진 제공

Wikimedia Commons ⓒClay Gilliland(28쪽, 54쪽-②, 54쪽-③, 59쪽-②, 69쪽-②, 110쪽-①, 110쪽-②)/ⓒDavid Stanley(76쪽)/ⓒFfggss(46쪽-③)/ⓒJack Upland(43쪽-①)/ⓒjennybento(87쪽-②, 124쪽-①)/ⓒMichael Day(83쪽-①)/ⓒNicor(46~47쪽, 69쪽-①)/ⓒstephan(64쪽)/ⓒUri Tours(36~37쪽, 67쪽, 83쪽-②, 87쪽-②, 91쪽-②, 99쪽-③, 124쪽-③)/ⓒUwe Brodrech(46쪽-②, 51쪽-①, 54쪽-①, 73쪽, 110쪽-①, 124쪽-②)

ⓒ경향신문(58쪽-①, 91쪽-③)/ⓒ국립문화재연구소(61쪽, 62쪽)/ⓒ남북정상회담 공동취재단(145쪽-①, 145쪽-②)/ⓒ서울역사박물관(16쪽)/ⓒ연합뉴스(83쪽-③, 87쪽-①, 104쪽, 106쪽, 117쪽-②, 117쪽-③, 127쪽, 129쪽, 133쪽, 134쪽, 136쪽, 148쪽, 157쪽)/ⓒ호암미술관(38쪽)/ⓒABS-CBN NEWS(99쪽-②)

그림을 그린 **김소희** 선생님은

『국제조약, 알면 뉴스가 들려요』『동계올림픽완전대백과』『공부도사』 등의 책에 그림을 그렸습니다.

『반달』이라는 만화책을 내었고, 지금도 여러 가지 책에 들어가는 그림과 만화를 그리고 있습니다.

다음 세대를 위한 **북한 안내서**

2018년 9월 20일 제1판 1쇄 발행

2019년 5월 30일 제1판 3쇄 발행

지은이   서의동

그린이   김소희

펴낸이   김상미, 이재민

편집   김세희

디자인   민진기디자인

종이   다올페이퍼

인쇄   청아문화사

제본   길훈문화

펴낸곳   너머학교

주소   서울시 서대문구 증가로20길 3-12

전화   02)336-5131, 335-3366, 팩스 02)335-5848

등록번호   제313-2009-234호

ISBN 978-89-94407-68-5 43340

www.nermerbooks.com

너머북스와 너머학교는 좋은 서가와 학교를 꿈꾸는 출판사입니다.